Sthepanie Alas O.

MEDITACIÓN DE UN KABBALISTA

© 2009 Kabbalah Centre International, Inc.

Todos los derechos reservados. Ninguna parte de esta publicación puede ser reproducida o transmitida en forma alguna, o por ningún medio, electrónico o mecánico, incluyendo fotocopiado, grabado o mediante ningún sistema de recuperación de datos electrónico o mecánico, sin el permiso por escrito de la editorial, excepto en el caso de un crítico que desee citar breves pasajes relacionados con un comentario para la inclusión en una revista, periódico o emisión.

Kabbalah Publishing es una DBA registrada de Kabbalah Centre International, Inc.

Para más información:

The Kabbalah Centre
155 E. 48th St., New York, NY 10017
1062 S. Robertson Blvd., Los Ángeles, CA 90035

1.800.Kabbalah
www.kabbalah.com/espanol

Primera Edición en Español
Febrero de 2009
Impreso en Canadá
ISBN13: 978-1-57189-622-3

Diseño: HL Design (Hyun Min Lee) www.hldesignco.com

1 2 3 4 5 6 7 8 9 10

11 12 **MEDITACIÓN**

DE 13 14 15 16 17 18

19 20 **UN** 21 22 23

24 **KABBALISTA** 25

26 27 28 29 30 31 32

33 34 35 36 37 38 39

40 41 42

MEDITACIÓN DE UN KABBALISTA

EL NOMBRE DE DIOS DE 42 LETRAS

YEHUDÁ BERG

www.kabbalah.com/espanol™

AGRADECIMIENTOS

A las personas que cada día hacen que mi vida sea mejor, mis padres, el Rav y Karen; a mi hermano Michael, a mi esposa Michal y a nuestros hijos. Así como a todos aquellos que, con su talento y apoyo, participan esencialmente en la revelación de esta sabiduría: Billy Phillips, Stephanie Schottel, Peter Guzzardi, Hyun Min Lee y Phyllis Henrici. Gracias a todos.

ÍNDICE

El Nombre de las cuarenta y dos letras se confía sólo a quien es virtuoso, dócil, de mediana edad, sobrio, libre del mal carácter y que no insiste en sus derechos. Y aquél que lo conoce, es cuidadoso del mismo y lo observa en su pureza, es querido arriba y popular abajo, es temido por los hombres y hereda dos mundos, este mundo y el mundo futuro.

—El Talmud

CAPÍTULO UNO

LA RESPUESTA

Si entras a Google, el buscador de Internet, y tecleas la siguiente pregunta en inglés, tal y como aparece a continuación:

What is the answer to life, the universe, and everything?
(¿Cuál es la respuesta a la vida, el universo y todo lo demás?)

Google te ofrece la siguiente respuesta:

The answer to life, the universe, and everything = 42
(La respuesta a la vida, el universo y todo lo demás es = 42)

Si no me crees, inténtalo tú mismo. Google te dirá que la respuesta a la vida, el universo y todo lo demás es igual a 42. Y he aquí el por qué.

En uno de los libros más vendidos de Douglas Adams, *Guía del autoestopista galáctico*, una supercomputadora muy avanzada llamada Pensamiento Profundo está programada para reflexionar sobre este tipo de preguntas. Cuando se le pregunta cuál es la respuesta a la vida, el universo y todo lo demás, la máquina comienza a efectuar sus cálculos complejos y continúa calculando durante siete millones y medio de años. Finalmente, da una respuesta:

"Cuarenta y dos", dice Pensamiento Profundo con infinita calma y majestad.

"Cuarenta y dos" puede parecer una peculiar respuesta en dichas circunstancias, pero definitivamente no es la primera vez que este número aparece en la Historia.

* * *

Un relato del Antiguo Testamento cuenta que los Israelitas deambularon por el desierto durante 40 años. El texto bíblico —en el cual según los grandes sabios ninguna letra o signo tiene un valor superfluo— se toma el trabajo de mencionar que los Israelitas se vieron forzados a acampar en 42 lugares diferentes. Como consecuencia, los grandes kabbalistas se preguntaron:

¿Por qué 42? ¿Por qué no 41 ó 43?

* * *

En el Nuevo Testamento, Mateo 1:17 (en la versión de la Biblia de King James), aparece el siguiente texto:

"Así, todas las generaciones desde Abraham hasta David son catorce generaciones; desde David hasta la deportación a Babilonia son también catorce; y desde la deportación a Babilonia hasta Cristo son catorce generaciones".

Los eruditos cristianos han reflexionado durante mucho tiempo sobre el significado místico del número de generaciones mencionado en este pasaje: ¡tres veces catorce es igual a 42!

* * *

Para formar el Corán, el profeta Mahoma disponía de 42 copistas que grababan las revelaciones que él recibía del ángel Gabriel.

* * *

Cuando los rayos de sol viajan 91 millones de millas para iluminar nuestro planeta después de una lluvia, a menudo vemos un arco iris. Los rayos del sol deben reflejar las moléculas de agua exactamente a un ángulo de 42 grados para producir este hermoso arco multicolor.

* * *

Los escribas han copiado cuidadosamente los rollos bíblicos del Antiguo Testamento de la misma y precisa manera durante 3.400 años. La escritura de este pergamino está separada en columnas, cada una de las cuales está formada por 42 líneas de escritura.

* * *

La ciudad santa de Jerusalén, sagrada para los cristianos, judíos y musulmanes, ocupa un área de 42 millas cuadradas.

NO ES UN MISTERIO

Como puedes ver, el 42 es un número intrigante y significativo. La Kabbalah ofrece una explicación muy específica e interesante sobre los motivos y, lo que es más importante, nos dice cómo podemos aprovechar el poder de este número para transformar nuestras vidas.

A lo largo de la historia, nuestras preguntas más desafiantes sobre la vida, la muerte, el bien y el mal recibieron siempre la misma respuesta:

Dios obra de maneras misteriosas.

Los kabbalistas rieron y lloraron con esta respuesta. ¿Por qué? Se rieron de la ignorancia e insensatez que encierra en sí misma. Lloraron, simplemente, porque esto no es cierto, y porque es una verdadera tragedia que se les haya hecho creer a las personas durante siglos, esta afirmación, incorrecta y críptica. Así que, entendámoslo de una vez por todas: Dios no obra de forma misteriosa, al menos no, según la Kabbalah. Dios obra de forma simple. Por lo tanto, las respuestas a las preguntas sobre la vida son bastante simples.

He aquí la razón por la que nunca hallamos respuestas auténticas y satisfactorias en la religión: durante aproximadamente dos mil años, el sistema religioso hizo todo lo que estuvo en su mano, para mantener a la Kabbalah fuera del alcance de personas como tú y yo. Pero esa época ha quedado atrás. Hoy, la tecnología de la Kabbalah y todas las respuestas que contiene en sí misma están a nuestra disposición. Estas respuestas nos pertenecen a todos y a cada uno de nosotros, y lo sabemos gracias a un texto sagrado antiquísimo, cuya sabiduría ha cambiado al mundo.

LA GUÍA ORIGINAL DEL AUTOESTOPISTA

Podría decirse que un Kabbalista llamado Rav Shimón bar Yojái escribió el texto original de *la Guía del autoestopista galáctico,* hace unos dos mil años. De hecho, este gran Kabbalista no solo nos suministró un mapa de nuestra galaxia, sino que también explicó todo el cosmos, incluyendo el universo que experimentamos a través de nuestros cinco sentidos y la realidad, tal como existe, más allá del radar de la percepción humana. Lo que él escribió fue una guía profundamente reveladora para el alma.

Esta obra tan esencial se llama el *Zóhar*, que significa "Libro del Esplendor". De él aprendemos que el número 42 es, en efecto, la respuesta secreta a todo. Pensamiento Profundo, la computadora de *la Guía del autoestopista galáctico*, estaba en lo cierto.

He aquí el por qué.

TODO SE HALLA EN EL NOMBRE

El número 42 se refiere al **Nombre de Dios de 42 letras**. Pero, permíteme ser muy claro. No nos estamos refiriendo a un nombre literal como Butch o Sundance, Lennon o McCartney, 50 Cent o Eminem, sino a la energía y poder que un nombre puede despertar. Dios no tiene un nombre como lo tenemos tú o yo, pero la fuerza que llamamos "Dios" tiene poder y en una cantidad infinita, para ser precisos.

LAS CLAVES DE LA CREACIÓN

Tenemos acceso a este poder y podemos activarlo a través de una llave de contacto especial. Esto es lo que realmente significa el *nombre*: es la llave del único y verdadero contacto. Es una combinación de letras que nos provee acceso directo a un tipo de energía divina, específica que puede transformar radicalmente nuestras vidas. Del mismo modo que la forma de una llave abre una puerta o enciende el motor de nuestro coche, la forma de las letras del Nombre de Dios de 42 Letras tiene la capacidad de abrir las Puertas del Cielo y encender el motor de la Creación. ¡Esto sí que es poderoso!

Esta fuerza extraordinaria puede activar la curación, la prosperidad, el amor, el coraje y la previsión. Existe, incluso, una energía que puede eliminar todas esas dudas que están dando vueltas en tu cabeza, en este preciso instante y que cuestionan la credibilidad de todo lo que has leído hasta ahora. De hecho, la única razón que puede llevarte a dudar es haber bloqueado una fuerza de energía conocida como certeza. Esta fuerza particular, este Nombre de Dios único, tiene la capacidad de disolver cualquier duda que puedas tener, sobre alcanzar la plenitud, la conexión y la alegría sin fin.

En las páginas de este libro, aprenderás el modo de desbloquear toda la energía contenida en el Nombre de Dios de 42 Letras, de manera que puedas utilizarla para crear un gran cambio en tu vida y en la de los que te rodean.

Sí, en efecto, la respuesta es 42.

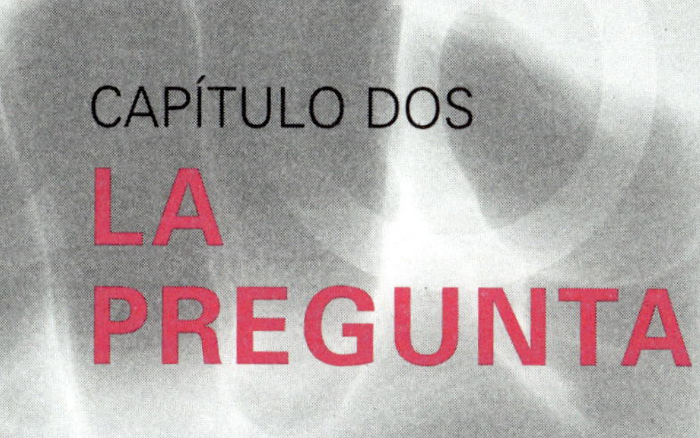

CAPÍTULO DOS

LA PREGUNTA

PREGUNTAS, PREGUNTAS Y MÁS PREGUNTAS

Uno de los personajes de *la Guía del autoestopista galáctico* llamado Loonquawl, asombradísimo por la respuesta de Pensamiento Profundo a la pregunta de la vida, exclama:

> *"¡Cuarenta y dos! ¿Eso es todo lo que tienes que decirnos después de siete millones y medio de años de trabajo?".*
>
> *"Lo he comprobado con mucho cuidado", afirma la computadora, "y, definitivamente esa es la respuesta. Para ser sincera, creo que el problema consiste en que nunca han sabido cuál es la pregunta".*

El argumento de Pensamiento Profundo es muy acertado. ¿Cómo sabemos que hemos formulado la pregunta correcta? ¿Cómo podemos estar seguros, si tenemos billones de preguntas? Las interrogantes sobre nuestro origen, propósito y destino final son infinitas. A decir verdad, sería un alivio que nos formuláramos una sola pregunta.

¿Por qué existen tantas preguntas?

Las preguntas son parte de la naturaleza del mundo físico. Afortunadamente, son solo una cara de la moneda.

REVELAR LA REALIDAD

Para la Kabbalah existen dos realidades. Una, es la que podemos ver claramente y percibir ahora, en este preciso instante. Es la realidad que experimentas todos los días. Mira a tu alrededor, presta atención a las noticias que recibes del mundo. ¿Ves todo el caos, dolor, lucha, enfermedad, muerte y temor que hay en el planeta? Aquí es donde la incertidumbre y la duda surgen también. Por ese motivo, nuestra mente crea una artillería infinita de preguntas; preguntas interminables sobre el significado de la vida, el por qué de nuestra existencia, el significado del sufrimiento y del mal, además de cuál es el paradero de Dios.

Pues bien, todo esto forma parte de la primera realidad. Pero existe otra realidad que no puedes distinguir con tus ojos. Tampoco puedes tocarla, olerla, escucharla ni saborearla. A pesar de ello, esta otra realidad es tan verdadera como la nariz que tienes en tu cara y los átomos sobre los que aprendiste en la escuela. Este reino es tan infinito como perfectamente completo. De hecho, nuestra alma solía habitar en este espacio, en el Mundo de las Respuestas. Hubo un tiempo en que conocíamos todas las respuestas. Lo sé, lo sé, piensas que si hubieras sido un genio divino lo recordarías, y hablaremos sobre ello en breve. Pero, por ahora, debes saber que estas dos realidades pueden describirse mejor de la siguiente manera:

- **Realidad uno: Mundo de las Preguntas**

- **Realidad dos: Mundo de las Respuestas**

Ahora que sabes que existen dos realidades, puedes comenzar a entender el problema básico que se encuentra en el corazón de la existencia humana. Aquí está: buscamos las respuestas en el Mundo de las Preguntas. Buscamos las respuestas en el mundo físico del caos. Naturalmente, es un esfuerzo inútil. Las respuestas no se hallan en este mundo. Este mundo es sólo de preguntas. Está lleno de preguntas. Está inundado de preguntas sobre el amor, sobre los negocios, sobre nuestra existencia, la amistad y el sufrimiento humano. Creemos, equivocadamente, que encontraremos las respuestas aquí. Pero eso no ocurrirá. Aquí no hay soluciones ni respuestas duraderas. Nuestro mundo físico, aun con toda su incalculable información, sólo proporciona arreglos temporales y remedios provisionales. Los problemas se repiten; el dolor regresa; el agravamiento y el desorden vuelven a representar su función. Entonces, nos sentimos desorientados, perdidos, y nos preguntamos:

¿Cómo quedé atrapado en este Mundo de las Preguntas? ¿Por qué es tan difícil encontrar el Mundo de las Respuestas? ¿Por qué existen dos realidades?

Y finalmente:

¿POR QUÉ ESTOY AQUÍ HACIENDO ESTAS PREGUNTAS?

Sólo por una razón: porque pediste al Creador que ocultara todas las respuestas.

CAPÍTULO TRES

ANTES DE LAS PREGUNTAS

LA PREGUNTA DE LA CREACIÓN

Sí, hubo un tiempo en que no existían las preguntas. Un tiempo en que tu alma nunca se preguntaba por qué, cómo o qué pasaría si... Una época en que solo existían Dios y toda la sabiduría divina que Él es. Tal como ya he mencionado, nuestras almas habitaron una vez en este espacio, este Mundo de las Respuestas. En este mundo no deseábamos nada: ni riqueza material, ni felicidad y, ciertamente, tampoco respuestas. Esto era así porque el Creador nos daba todo lo que necesitábamos. Poseíamos toda la alegría y sabiduría imaginables. Lo teníamos todo, excepto una cosa... ¿Puedes adivinar qué nos faltaba?

Es lo mismo que falta cuando copias en un examen y obtienes una A. Lo mismo que falta cuando ganas la lotería sin haber trabajado un solo día de tu vida. Es lo que te faltaría si tuvieras el cuerpo de *Mister o Miss Universo* y nunca hubieras pisado un gimnasio.

Lo que falta en estas situaciones es lo mismo que faltaba en el Mundo de las Respuestas, la plenitud y la sensación de placer que obtienes al haberte ganado la recompensa y haber descubierto las respuestas por ti mismo. Tenerlo todo puede hacerte sentir afortunado por un momento, pero cuando el asombro se disipa, la existencia se empieza a sentir como una limosna.

¿Cuán divertido es recibir una limosna? Digamos que tiene sus límites. Como este era el caso, le pediste al Creador que te ocultara toda la felicidad y la alegría, que ocultara todas las respuestas. Le solicitaste que te colocara en un mundo diferente, contrario a la realidad dichosa, en la que naciste originalmente.

¿Por qué?

Lo hiciste para poder encontrar la alegría y la plenitud infinitas, en virtud de tu propio esfuerzo.

¡Tu propio esfuerzo!

Ahí lo tienes. He aquí el sentido de la vida. La razón de todo el universo. La razón de todo. El motivo por el que se creó el átomo y tuvo lugar el *Big Bang*. La razón de la existencia del reino animal, vegetal y mineral. Nosotros, las almas de la humanidad, queríamos venir a un mundo lleno de oscuridad y caos para transformarlo en uno de Luz y orden a través de nuestro propio esfuerzo individual, además del colectivo.

En otras palabras, no tendría sentido que el delegado de la liga oficial de béisbol, otorgara a un jugador, el anillo de campeón de la Serie Mundial, el primer día de entrenamiento. El jugador sentiría que no se lo ha ganado. No tendría ningún sentido. Para poder ganarse el derecho a recibir ese reconocimiento, deberíamos permitir al jugador que participara, que compitiera durante una larga y desafiante temporada, y superara la adversidad a cada paso.

Te aseguro que esta es la única forma de que alguien pueda apreciar verdaderamente lo que significa ser campeón.

Ciertamente, el Creador tiene el poder de suministrarnos alegría y respuestas infinitas, pero la felicidad máxima proviene de ser la causa de tu propia plenitud. Es decir, cuando nos comportamos como el Creador... ¡creamos FELICIDAD!

Así que dijimos: ¡Dios, por favor, danos la oportunidad!

En otras palabras, Dios dijo originalmente: ¡HÁGASE LA LUZ!

Y nosotros respondimos: ¡QUE SE HAGA LA OSCURIDAD, PARA QUE PODAMOS CREAR NUESTRA PROPIA LUZ!

Y el Creador dijo: "Muy bien".

Y entonces... ¡bum!

EL NACIMIENTO DEL COSMOS

En ese momento, Dios literalmente retiró una pequeña porción de Su energía infinita, que la Kabbalah denomina Luz. Esta retirada provocó la explosión conocida como *Big Bang*, que creó este universo, un diminuto y oscuro estadio, donde podíamos jugar el Juego de la Vida. Este juego consiste en formular preguntas y encontrar respuestas, a través de nuestro propio esfuerzo y trabajo. Esta es toda la historia del universo, en pocas palabras. Si piensas que la vida es más complicada que esto, según la Kabbalah, estás completamente equivocado.

Ese pequeño estadio es lo que experimentamos como nuestro vasto universo, en el que no percibimos más que constantes preguntas, caos y conflicto entremezclados con momentos esporádicos de felicidad. Pero hay una buena razón para ello. Si pudiéramos percibir el Mundo de las Respuestas con nuestros cinco sentidos, encontraríamos todas las respuestas en un instante. No existiría ningún desafío y, por consiguiente, no sería diferente de nuestra existencia original, en la que el Creador nos lo daba todo.

En otras palabras, una búsqueda del tesoro no es divertida, si hay una luz de neón que está indicando el lugar, donde precisamente se encuentra el tesoro. Queremos experimentar la alegría de la búsqueda, y el universo físico nos brinda esa oportunidad. Los verdaderos tesoros de la vida —las respuestas a todas nuestras preguntas— nos son ocultados intencionalmente.

EL BOTÓN DE BORRAR

Tú y yo le pedimos al Creador que ocultara el Mundo de las Respuestas. Y Él accedió, y colocó una cortina. Esta cortina o filtro son nuestros cinco sentidos, que tienen grandes dificultades para percibir cualquier cosa que esté más allá del mundo físico que nos rodea. Ahora bien, sigamos esta idea con detenimiento. No sólo pedimos que el Mundo de las Respuestas se nos ocultara físicamente, sino que también pedimos que fuera oculto a nuestra conciencia.

Específicamente, pedimos que nuestro banco de memoria fuera borrado completamente para no recordar nada de la realidad verdadera —el Mundo de las Respuestas— y el significado de la vida. Una vez borrados nuestros recuerdos, podríamos jugar a este juego de la vida y encontrar las respuestas, a través de nuestro arduo trabajo, de ensayo y error y de nuestro propio esfuerzo.

EL PODER Y EL PROPÓSITO DE LA DUDA

Además de borrar nuestro banco de memoria y ocultar la verdadera realidad tras una cortina, el Creador colocó otra fuerza en la humanidad. Esta energía se implantó en nuestro ADN, en cada célula de nuestro cuerpo, y se expresa en nuestra mente racional.

Esta fuerza se llama Duda. También se le conoce como el Adversario.

Los kabbalistas suelen denominarla Ego.

Estamos programados para dudar de todas y cada una de las ideas que se presentan en este libro. Es más, incluso estamos programados para dudar sobre la propia idea de estar programados para la duda. Durante miles de años pusimos en duda la posibilidad de lograr la felicidad eterna, razón por la cual todo el mundo intentó coger de tanto como pudo, para sí mismo. No nos creímos el hecho de que nuestro Creador pudiera repartirnos toda la alegría que pudiéramos querer. En otras palabras, empequeñecimos a Dios, lo cual nos volvió muy codiciosos. Esta codicia, ese deseo de gratificación inmediata, sin ninguna conciencia de que otra realidad nos está aguardando tras la cortina, es la razón por la cual la historia está plagada de tanta hostilidad, guerras y genocidios.

Dudamos de la verdad. Fuimos escépticos acerca de la existencia del Creador y lo fuimos a tal grado que muchos de nosotros fabricamos nuevas ideas sobre lo que es Dios, y lo entendimos todo al revés.

Muchos de nosotros no creemos realmente en la existencia de una realidad espiritual oculta. Dudamos de que exista algo más allá de la muerte. No estamos seguros de que haya un orden y un significado detrás de tanto caos aleatorio. Dudamos de que este mundo sea en verdad una ilusión y que nuestro destino sea un mundo paradisíaco.

La razón de tanta duda es asegurarnos de que nos ganamos todas las respuestas que buscamos, y la alegría infinita, que es nuestro destino. Para nosotros, la duda es una señal que nos indica que es hora de profundizar, ya que, oculto tras la cortina de la duda se halla un anhelo de la verdad que se origina en el nivel de nuestra alma. Y cuando comenzamos a buscar la verdad, nos acabamos encontrando inevitablemente, más cerca de la Luz del Creador, porque Él es la Verdad.

Lamentablemente, nuestro formidable Adversario, llamado Duda o Ego, se ha llevado lo mejor de nosotros mismos durante miles de años. Sin embargo, algunas personas han logrado escapar a la vorágine de la duda y ver más allá del filtro sensorial que es la realidad física. Puede que hayas oído hablar de ellos, se les conoce como "kabbalistas".

PERSONAS DE LA VERDAD

A través del tiempo, ha habido individuos que fueron capaces de encontrar las respuestas ocultas detrás de la cortina. Moisés lo hizo. Jesús, el profeta Mahoma y Buda también lo hicieron. Estas grandes almas sabían que las respuestas a las preguntas fundamentales de la vida no estaban en el mundo material y físico. Estos gigantes espirituales fueron capaces de correr la cortina y entrar a esa realidad superior.

Pero ¿sabes qué sucedió? Cuando intentaron compartir las verdades que habían encontrado allí, nuestras dudas innatas y nuestra codicia rechazaron lo que ellos quisieron transmitirnos. Y lo que es peor aún, malinterpretamos sus palabras y distorsionamos sus enseñanzas para más adelante ponerlas al servicio de nuestros propios intereses. En vez de profundizar en la verdad, la rechazamos sin más.

Y cuando rechazamos la verdad, creamos mentiras. Y, lamento decirlo, esas mentiras tuvieron bastante éxito.

EL ARTE DE LA MENTIRA

Según la Kabbalah, la mentira más efectiva siempre contiene un grano de verdad. Este es el secreto para contar una gran mentira. A lo largo de la historia, mucha gente negativa entendió y aplicó muy bien esta técnica.

Estos individuos, movidos por el ego, tomaron las verdades intrínsecas enseñadas por los grandes sabios y las distorsionaron para servir a sus propios y equivocados intereses. ¿El resultado? El nacimiento de la religión y, con ella, todos sus derivados destructivos.

Seamos honestos, se ha derramado mucha más sangre por motivos religiosos que por cualquier otra causa. Durante los últimos miles de años hemos cometido genocidio en nombre de Jesús; hemos matado en nombre de Moisés; hemos masacrado en nombre de Mahoma; y hemos batallado en el nombre de Buda. Nos hemos lastimado los unos a los otros en nombre de estos grandes líderes, quienes no nos enseñaron otra cosa que a amar y ser bondadosos con los demás.

A pesar de las consecuencias a menudo trágicas de la religión, ha habido personas que han anhelado tan intensamente una conexión con Dios, que han escogido pasar por alto la corrupción. Creyeron equivocadamente que no existía otra opción y se arrinconaron a sí mismos en una esquina. Esto los indujo a adherirse de manera incondicional a religiones organizadas que beneficiaron en muy poco a la humanidad. El mensaje original se perdió bajo montones de doctrinas religiosas complicadas. ¿Cuál era el mensaje original?

"Ama a tu prójimo como a ti mismo".

Este fue el mensaje original que Dios entregó a Moisés y a Jesús, esto es todo lo que el Creador nos pedía. Dios nos amaba, y todo lo que quería era que nosotros también nos amáramos, unos a otros. Pero no pasó mucho tiempo hasta que estos consejos divinos se vieron manchados por aquellos que buscaban el poder, y no el amor.

A lo largo de la historia, los kabbalistas intentaron exponer la corrupción de la religión y brindar a las personas herramientas poderosas para ayudarlas a encontrar sus propias respuestas. Pero el sistema religioso respondió sometiendo a estos buscadores de la verdad, a una persecución brutal. Si has leído mis otros libros, sabrás que muchas generaciones de kabbalistas, incluida mi propia familia, se enfrentaron a este odio de forma directa, cuando intentaron compartir la Kabbalah con el mundo.

Sin duda, sería fácil sentirse triste y amargado en este punto de la historia. Pero mi objetivo no es enfurecerte, sino ofrecerte otro camino. Al leer las páginas de este libro, te estás abriendo a una verdad duradera y amorosa que tiene la capacidad de eliminar el odio y la intolerancia de este planeta, de una vez para siempre.

LA PROMESA DE LA CIENCIA

No es de sorprender que muchas personas, motivadas por la lógica, rechazaran la religión y destacaran sus mentiras, manipulaciones e hipocresía. A estas personas les resultaba evidente, que cualquier "verdad" que propugnara la intolerancia y el odio, era una mentira encubierta. En respuesta a ello, dedicaron su energía, sus esperanzas y sus sueños a analizar las leyes físicas del mundo natural. Después de todo, el mundo físico, parecía ofrecer una realidad objetiva, que no estaba tan abierta a la interpretación, como el pensamiento religioso.

Pero este enfoque dejó de lado a un componente esencial de la ecuación: un Creador. Después de todo, si no podemos ver ninguna fuerza trabajando detrás de la escena, entonces no debe existir ninguna. Este fue el origen de la ciencia y del ateísmo. Cuando un científico descubría una verdad universal como, por ejemplo, la ley de la gravedad o el funcionamiento de la mecánica cuántica, era como descubrir una pieza más del rompecabezas. El problema era que la ciencia definió ese rompecabezas de forma finita. La ciencia no se equivocó. Solo observó de manera incompleta, porque no consideró la obra divina del supremo artífice del rompecabezas: Dios.

Sin embargo, esto se ignoró porque cada descubrimiento científico ofrecía una breve dosis de gratificación para el ego. De esta forma, se incrementó el número de discípulos de la ciencia, y la tecnología avanzó.

CIENCIA Y RELIGIÓN

¿Puedes ver el error de este enfoque? Tanto la religión organizada como la ciencia han mantenido a la civilización aprisionada en un Mundo de Preguntas. La ciencia nos proporciona un tipo de respuestas que no puede contestar las preguntas más importantes, aquellas relacionadas con el significado de la vida. No nos dicen por qué odiamos, nos divorciamos, lastimamos a otros o fallamos, ni por qué estamos aquí. La ciencia nos enseña cómo funcionan las cosas, pero nunca responde al por qué. Es posible que las leyes científicas comprobadas sean correctas en su contexto físico, pero los problemas surgen cuando intentamos comprender el universo utilizando solamente el lente de la ciencia.

La religión, tal como la conocemos, tampoco puede dar respuesta a las preguntas más importantes. Cuando nos preguntamos por qué realizamos los ritos y ceremonias, la respuesta más frecuente es, porque está escrito. Cuando preguntas a la religión por qué existe la maldad o por qué la tragedia golpea a las personas buenas, la respuesta es, Dios obra de forma misteriosa.

La conclusión es la siguiente, las respuestas que pueden llevarnos hacia una vida llena de sentido y felicidad nos han eludido durante siglos, a pesar de que han estado siempre presentes.

LAS OPORTUNIDADES PERDIDAS

Muchos creen, equivocadamente, que a Moisés se le entregó una religión en el monte Sinaí. Esto no es verdad. Dios entregó a Moisés una tecnología para acceder al Mundo de las Respuestas, de forma que la humanidad pudiera poner fin al odio y detener la destrucción y la muerte, de una vez por todas. Esa tecnología se llama Kabbalah. Las dos tablas que Moisés recibió eran simplemente herramientas kabbalísticas poderosas para ayudarnos a acceder al Mundo de las Respuestas. Aquellas dos tablas eran las llaves de contacto que activaban las fuerzas infinitas que componen esta realidad oculta.

Pero, ¿qué hizo la religión? La religión nos dijo que Moisés recibió los mandamientos en el monte Sinaí. Diez, para ser precisos. Eso fue muy hábil, porque... ¿quién cuestionaría un mandamiento? Un mandamiento, por definición, implica que sigues el camino ciegamente, sin cuestionarte el porqué. La verdad es que la expresión "diez mandamientos" nunca aparece en la Biblia original, en hebreo. La frase correcta es "diez enunciados", y hace 2.000 años los kabbalistas nos enseñaron que esta expresión significa que el Mundo oculto de las Respuestas está creado por diez dimensiones, de las que hablaremos más adelante. Esto fue lo que Moisés logró en el monte Sinaí, conectar al mundo, con esta realidad oculta y llena de felicidad.

La conexión con este mundo oculto supone el hallazgo de respuestas verdaderas. Y la verdad a menudo duele. Es más fácil aferrarnos a nuestro ego y creer falsedades, que renunciar a él y aceptar las verdades dolorosas. Harry Truman dijo una vez, "No les muestro el infierno. Simplemente les digo la verdad y ellos creen que es el infierno".

Esto es lo que ocurrió en el monte Sinaí: los Israelitas prefirieron continuar aferrados a su egoísmo en vez de enfrentarse a la verdad. Todavía no estaban preparados para recibir las tablas, la tecnología de la Kabbalah, pues para hacerlo tenían que aceptar su propio egoísmo. Hubieran tenido que erradicar un ego de proporciones inmensas para poder encontrar la verdadera felicidad y las respuestas a las preguntas fundamentales de la vida.

De hecho, los Israelitas se quejaron de Moisés y cuestionaron sus intenciones tanto como pudieron. Incluso llegaron a acusarlo de haber intentado matarlos en el desierto. Esta no es mi opinión personal, así está dicho claramente en la Biblia.

UNA SEGUNDA OPORTUNIDAD

Dada la naturaleza de sus enseñanzas, es fácil ver que Jesús también fue un kabbalista. Al igual que Moisés, intentó iluminar al mundo para que los individuos pudieran conocer y entender por sí mismos el amor del Creador. Todas sus enseñanzas, todos los conceptos claves que hallamos en el cristianismo, se encuentran también en los antiguos libros de la Kabbalah. Históricamente, sabemos que la intención de Jesús nunca fue fundar una nueva religión, tampoco profesar el judaísmo, tal como lo comprendemos en la actualidad. Como los grandes patriarcas que lo precedieron, Jesús era un estudiante de la sabiduría universal entregada a Abraham y Moisés; un estudiante que fue asesinado por intentar revelar al mundo estas verdades desafiantes.

Insisto, esta no es mi opinión. Lo que comparto aquí es lo que los antiguos kabbalistas opinaban sobre el tema. Y por cierto, encontrar esta información no fue tarea fácil. Cuando solicité copias de un texto en particular que revela muchos secretos sobre Jesús y la Kabbalah, si bien las recibí, faltaban las páginas que casualmente yo buscaba. De todos modos, tras años de discusiones, finalmente logramos recuperar esas páginas que faltaban. En los pasajes que siguen compartiré contigo lo que hallé en aquellos escritos.

Según Abraham Abulafia, un gran Kabbalista del siglo XIII, todas las personas de este mundo están interconectadas, como si fueran una sola. Todos somos hijos de lo divino. No hay religión correcta o incorrecta, ni existe un único camino hacia lo divino. ¡Pero la humanidad debe estar unificada!

De acuerdo a Abulafia, la paz —la que es verdadera, duradera y existe para todos los pueblos del mundo— llegará sólo cuando los tres pueblos más grandes del planeta —cristianos, musulmanes e Israelitas— reconozcan que son uno solo. Se han comportado como una familia disfuncional durante veinte siglos, y el resultado ha sido un inconcebible derramamiento de sangre. Cuando se den cuenta, finalmente, de que son realmente hermanos y que todas sus enseñanzas sagradas, incluyendo la Torá, el Corán y el Nuevo Testamento expresan lo mismo, una felicidad inimaginable pasará a formar parte de la nueva realidad. Es triste pensar que durante toda la historia se mató salvajemente a los kabbalistas que proclamaban estas ideas.

UNIDAD A TRAVÉS DE LA DIVERSIDAD

Pese a que individualmente las personas presentan diferencias en la superficie, la humanidad entera es como un cuerpo humano, perfectamente sano que consta de muchos órganos diferentes, cada uno de los cuales lleva a cabo una función única, con el propósito de mantener a ese cuerpo feliz y sano. Un corazón no está concebido para convertirse en un hígado. Es más, todos los órganos del cuerpo —desde el cerebro hasta los riñones— están compuestos de los mismos átomos. Por lo tanto, detrás de esta diversidad se esconde una contundente unidad.

Del mismo modo, según la Kabbalah, la civilización se compone de un cuerpo: el cuerpo de la humanidad. Cada grupo, ya sea islámico, cristiano, Israelita, budista o hindú, es meramente un órgano de ese cuerpo que lleva a cabo su propia y única función: ayudar a crear una civilización feliz y saludable.

Esta metáfora del cuerpo y sus partes, que representa el intrincado funcionamiento de la humanidad, nos lleva nuevamente a la idea de que lo físico y lo espiritual están entrelazados de forma inextricable. De hecho, las leyes científicas que gobiernan este mundo físico respaldan estas ideas espirituales que los kabbalistas han conocido durante siglos. Por ejemplo, el descubrimiento de los átomos comprobó que todos estamos conformados de una misma sustancia. Este descubrimiento sorprendió a más de uno, pero solo confirmó aquello que los grandes líderes espirituales habían sabido desde siempre: las almas de la humanidad son una sola.

A la inversa, hechos que podemos percibir como milagros divinos y que parecen desafiar a la ciencia, en realidad respaldan la idea de que existen fuerzas en el universo que solo ahora comenzamos a comprender desde una perspectiva científica. El campo de la física cuántica, que examina el comportamiento de las partículas atómicas, es un perfecto ejemplo de ello. Los científicos empiezan a conocer un mundo en el que las partículas se comportan de formas nunca antes vistas.

La belleza de la Kabbalah se halla en que reconoce que lo milagroso y lo científico son uno y lo mismo. La Kabbalah y la ciencia hablan el mismo idioma y describen la misma realidad, son dos caras de una misma moneda.

Interiormente, todos estamos hechos de los mismos átomos espirituales. Todos somos chispas de lo divino. Pero nuestras dudas y nuestra codicia (programadas dentro de nosotros para que nos esforcemos en descubrir esas verdades) crearon tensión y conflicto entre hermanos, pueblos, ciudades y naciones. Cuando encontramos el Mundo de las Respuestas, todas estas incertidumbres desaparecen. Todas nuestras preguntas y oraciones reciben respuesta.

Según el Kabbalista Abraham Abulafia, los Nombres de Dios y la sabiduría de la Kabbalah pueden reunir a todos los pueblos del mundo, independientemente de su fe, a través de la erradicación de la corrupción y la revelación de la elegante y profunda unidad espiritual que yace en el corazón de las principales religiones del mundo.

Por lo tanto, deja de culpar a Dios por todas las desgracias del mundo. Deja de culpar al Creador por la existencia del mal y la oscuridad. Deja de decir "Dios obra de forma misteriosa" cuando te preguntes por qué existe el sufrimiento y la maldad en el mundo.

Tú lo quisiste así. Tú lo exigiste. Simplemente has olvidado que lo hiciste. Y la razón de tu olvido es para que puedas descubrir la verdad por ti mismo.

¿Estás preparado para saborearla?

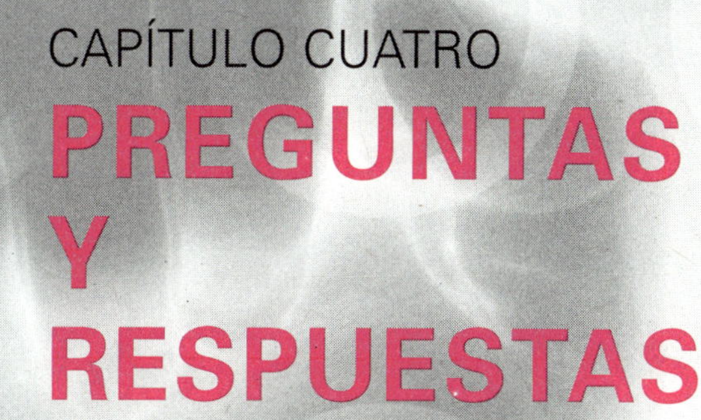

CAPÍTULO CUATRO

PREGUNTAS Y RESPUESTAS

DIJISTE QUE QUERÍAS LA VERDAD

La realidad de la situación es que este libro puede colocarte en el camino para encontrar la Verdad, pero las respuestas no se hallan impresas en sus páginas, sino que emergen desde tu interior cuando utilizas una y otra vez las herramientas de la Kabbalah. Una vez dicho esto, y puesto que estás leyendo este libro, sé que tienes en mente algunas preguntas difíciles, y que no te quedarás satisfecho hasta que recibas algunas respuestas.

Así que, vamos a contestar las preguntas más difíciles de todas, aquellas que los filósofos, rabíes, sacerdotes, ateos, musulmanes, cristianos e Israelitas se han formulado durante toda la historia de la humanidad. Y lo que es más importante: vamos a responderlas con sencillez y claridad. Pero recuerda que estas respuestas son simples palabras impresas. Tu mente hará todo lo posible por reconciliarlas con aquello que cree saber.

De más está decir que tu ego estará muy alerta. Por ahora, es lógico que sea así. Pues al admitir que necesitamos ayuda para encontrar las respuestas a las preguntas de la vida, eliminamos un poco de nuestro ego. Y cuando empezamos a despojarnos de éste, comenzamos a abrirnos al Mundo de las Respuestas, nuestro verdadero hogar. El verdadero conocimiento —la verdadera comprensión— requiere práctica. En el próximo capítulo hablaremos de las formas en que puedes practicar el verdadero conocimiento a través del Nombre de 42 Letras; pero, por ahora, aplaquemos al lado intelectual.

PREGUNTAS Y RESPUESTAS

P: ¿Dónde está Dios?

R: Aquí. Dios está en tu interior. Dios está a tu alrededor. La única razón por la que no puedes experimentar todo el poder de la Luz de Dios es, porque se halla oculta detrás de una cortina. La buena noticia es que esta cortina no puede disminuir su poder. Piensa en ello de la siguiente forma: si fueras cubriendo una lámpara encendida con varias capas de tela, la habitación quedaría cada vez más oscura. Sin embargo, la luz original de la lámpara nunca cambiará. Nunca. Igual que la luz de la lámpara, la Luz de Dios siempre brillará resplandeciente y podrás acceder a ella en todo momento.

P: ¿Qué clase de comportamiento coloca una cortina sobre la Luz de Dios?

R: El comportamiento egocéntrico. Ser reactivo. Cada vez que un ser humano reacciona cumpliendo con las demandas de su ego, coloca una cortina sobre la lámpara. Afortunadamente, cada vez que un ser humano vence a su ego, quita una cortina. Recuerda que la Luz de Dios nunca cambia; permanece siempre constante. Tú dispones del libre albedrío para decidir si eliminas cortinas y atraes más Luz a tu mundo, o si las añades y aumentas la oscuridad. Por eso, no tiene sentido culpar a Dios por el mal de nuestro mundo. El mal no es más que la carencia de Luz ocasionada por las cortinas que colgamos y que disminuyen la Luz de Dios. Sólo tú puedes quitar las cortinas para revelar toda la intensidad de la Luz que siempre brilla. Cuando quitemos todas las cortinas, la nueva realidad en la Tierra será el paraíso.

P: Si Dios nos ama, ¿por qué no quita las cortinas para nosotros?

R: Imagínate de niño jugando a las escondidas. El objetivo del juego es encontrar a tus amigos. Encontrarlos es la parte que más disfrutas y la razón por la que juegas. Imagínate que cuentas hasta diez y que al darte vuelta encuentras a tus amigos, parados delante de ti. ¡Has ganado! Pero, ¿te has divertido? No, en lo más mínimo. El placer solo es posible si tus amigos se esconden. El esfuerzo por encontrarlos es lo que hace que puedas disfrutar del juego. La vida funciona de la misma manera.

Cuando las almas de la humanidad fueron creadas originalmente, la felicidad y la Luz estaban siempre justo delante de nosotros. Entonces le pedimos a Dios que lo ocultara todo para que pudiéramos experimentar la alegría de encontrarlo. Queríamos ser la causa de nuestra felicidad.

P: ¿Para qué existe la religión?

R: La religión, tal como nosotros la entendemos, es una corrupción de la verdad. Originalmente, a fin de que descubriéramos Su Luz, Dios entregó a la humanidad herramientas específicas para erradicar el ego, capa por capa. Estos instrumentos estaban conformados por libros y rollos de sabiduría que tenían el poder de desterrarlo si se usaban de forma correcta. Sin embargo, nuestro Adversario, nuestro Ego, saboteó este esfuerzo, transformando esta simple tecnología en religión, con todas sus tradiciones y dogmas. Así, en vez de erradicar el ego, la tecnología empezó a alimentarlo y expandirlo, creando la pretensión de superioridad, la arrogancia, la vanidad y el orgullo.

Los kabbalistas dicen que la Biblia nos da a elegir: podemos utilizar el poder oculto en sus letras y versos para curarnos de nuestro egocentrismo y engreimiento, o utilizarla con el fin de crear más del mismo egoísmo. De igual modo, la Kabbalah señala que la Torá puede ser una conexión con el Mundo de las Respuestas, o bien una droga adictiva. ¿Y sabes qué? Tú dispones del libre albedrío para realizar tu propia elección.

P: ¿Por qué existen tantos textos espirituales para elegir?
R: El Creador reconoce que todos vivimos bajo circunstancias distintas; cada nación e individuo tiene un carácter espiritual y físico diferente, de la misma forma que cada parte del cuerpo tiene una función específica, y necesidades distintas. Por lo tanto, aquello que para una persona puede significar algo, para otra puede no tener ningún significado, o significar otra cosa. Por consiguiente, el Creador entregó a los pueblos del mundo diversas tecnologías para conectarse con el Mundo de las Respuestas, entre las cuales se incluyen al Corán, la Torá, el Nuevo Testamento, los Upanisads y la doctrina del budismo. Esta variedad permite que todos tengamos acceso a la verdad primordial, puesto que está oculta dentro de cada una de las doctrinas espirituales.

Al tiempo que esta miríada de textos hace más desafiante la búsqueda de la verdad de Dios, este desafío la hace infinitamente más satisfactoria. Recuerda que hemos escogido ganarnos nuestra alegría; sólo si nos la ganamos podremos conectarnos con el Mundo de las Respuestas y acceder a la verdad.

P: Los diversos textos espirituales ¿no promueven la división entre los pueblos?

R: Sólo crean una ilusión de división y lo hacen intencionadamente. Al revelar sólo una porción de verdad a cada pueblo, el Creador fomentó la ilusión de diferencia. Esto permite a la humanidad ejercer su libre albedrío y elegir trabajar en unidad para descubrir la auténtica verdad, que detrás de la diversidad existe la unidad.

La Kabbalah compara esto con la luz del sol, la cual es en realidad blanca; sin embargo, cuando se divide en sus distintas frecuencias, podemos ver los siete colores primarios del arco iris: rojo, naranja, amarillo, verde, azul, índigo y violeta. Sólo cuando todos estos colores se unen la luz del sol puede brillar.

Teniendo en cuenta esta metáfora, supongamos que existen siete grupos de personas y cada uno de ellos tiene un color del arco iris. Tenemos la religión roja, la religión azul, la religión verde y así, sucesivamente. Cada grupo cree que tiene el color perfecto y se pelea con los demás durante siglos para determinar cuál de ellos tiene razón. Por supuesto, todos la tienen. Cada uno de los siete grupos posee un pedazo de verdad. Sin embargo, existe una verdad superior y esencial sobre el color de la luz: ¡esa verdad es el color blanco, que contiene los siete colores!

La luz blanca contiene toda la dicha que estamos buscando. Sólo la encontraremos cuando nos unamos con el resto de la humanidad y todos los pueblos del mundo compartan su sabiduría en armonía y respeto mutuo.

P: ¿Por qué existe la muerte?

R: Toda alma viene a este mundo para encontrar respuestas, para encontrar la felicidad máxima. Con el fin de que este desafío valga la pena, el alma lleva puesto un disfraz llamado ego. Esta máscara no sólo oculta tu verdadera identidad a los demás, sino que también te la oculta a ti mismo.

A cada persona se le otorga un promedio de 70 años para eliminar su ego, vencer su egoísmo y encontrar la verdad sobre la vida. En esto consiste el camino de la espiritualidad y la Kabbalah. Cada vez que escuchamos a nuestro ego y reaccionamos comportándonos con intolerancia, enojo, miedo, egoísmo y resentimiento, disminuimos la Luz de nuestra alma. Colocamos una cortina sobre la Luz que está en nuestro interior, la cual se bloquea por completo cuando estas cortinas se vuelven muy densas. Entonces el cuerpo pierde el contacto con el alma, que es tu verdadero ser. El alma todavía brilla, pero el cuerpo se desconecta de su fuerza vital. Esto lleva a la muerte. El alma entonces asciende al mundo espiritual y espera un nuevo cuerpo para intentar una vez más, ganar el juego de la vida.

Esta es una de las causas de la muerte, pero existe otra, la muerte también sirve como agente de limpieza. Es un proceso de purificación que elimina todas las cortinas que hemos colgado. Cuando, finalmente eliminemos el ego de nuestro ser de una vez para siempre, lograremos la inmortalidad. Cuando no haya ego, no habrá cortinas que oculten la Luz de nuestra alma; entonces el cuerpo y el alma vivirán para siempre.

P: ¿Por qué existe el sufrimiento?

R: Hay dos formas de liberar a un ser humano de su ego; una es mediante el sufrimiento y la otra mediante la transformación espiritual. El cuerpo odia el dolor. Cada vez que lo sientes, tu ego se debilita. ¿Recuerdas el 11 de septiembre? El mundo sintió un gran dolor, tristeza y conmoción. Pero al mismo tiempo, todos sentimos una gran unidad y amor por nuestro prójimo. Los republicanos se entendieron con los demócratas; los desconocidos pasaron a ser nuestros amigos.

El dolor tiene ese raro efecto en nosotros. Pero ¿no se trata de una forma insensata de aprender las lecciones de la vida? Y lo que es peor aún, la mayoría de la gente sufre durante toda una vida y sin embargo, no logra aprender las lecciones por las que vino aquí. Apenas pasadas unas semanas después del 11 de septiembre, los bomberos y la policía ya se estaban enfrentando en las calles de Nueva York. Los republicanos reanudaron sus disputas con los demócratas. ¡Ya se había perdido ese sentimiento de afecto y entendimiento mutuo! Cuando no comprendemos el por qué de un suceso trágico (para librarnos del ego y del interés propio), el ego se reafirma rápidamente. ¿Qué más sucede cuando no comprendemos el propósito del sufrimiento? Creemos que somos víctimas, que todo en la vida ocurre por azar y que vivimos plagados de desgracia. Este es precisamente el trabajo del Adversario.

P: ¿Por qué existe el tiempo?

R: A cada acción le corresponde una reacción equivalente, en algún momento del tiempo. La Kabbalah define el tiempo como el intervalo que separa la causa del efecto, la acción de la reacción. Por lo tanto, define el tiempo como la distancia entre causa y efecto.

Para entender por qué existe el tiempo, utilizaremos el ejemplo de cómo se amaestra a un cachorro en el hogar. Cada vez que el cachorro deja un charco amarillo en la alfombra, recibe un golpe en el hocico, con un periódico. En poco tiempo, el cachorrito ya no deja charcos en la alfombra. Este es un ejemplo de un proceso muy breve de causa y efecto. Existe una acción (orinar en la alfombra) y una reacción inmediata (el golpe). El cachorro transforma rápidamente su comportamiento.

Si Dios tomara un periódico y nos diera un golpe cada vez que nos comportáramos de forma egoísta o causáramos problemas en la vida de otra persona, nos transformaríamos rápidamente. Pero no existiría la libre elección. El tiempo retrasa el golpe, lo cual crea la ilusión de injusticia. Entonces parece que podemos salir airosos de nuestros crímenes y delitos; y que la bondad no obtiene recompensa.

Elevar nuestra conciencia y visión, profundizar nuestro conocimiento para empezar a conectar las diferentes situaciones que vivimos, puede llevarnos toda una vida. A medida que nos volvemos más sabios espiritualmente, comenzamos a ver que todas nuestras acciones son como semillas que plantamos. Puede llevar minutos, meses, décadas o vidas, pero tarde o temprano las repercusiones de nuestras acciones florecerán.

Para aquellos que poseen la sabiduría de percibir el proceso de causa y efecto que se halla detrás de todos los hechos y situaciones, la vida es elegante, ordenada y llena de sentido. Cada momento se convierte en una oportunidad para invertir acertadamente en un futuro que nos dará los frutos más deliciosos.

Por el contrario, aquellos que no logran conectar las situaciones que viven, se consideran víctimas y piensan que la vida es caótica, azarosa, llena de desgracias. Perciben la existencia como un juego de azar, una pesadilla en la cual los dados nunca les dan los números que necesitan.

La Kabbalah también define el tiempo como misericordia. ¿Por qué misericordia? Supongamos que has cometido un acto terrible motivado por puro y crudo egoísmo. El principio de causa y efecto dicta que en algún momento futuro, un efecto negativo y desagradable en igual medida aparecerá de repente en tu vida. El tiempo retrasa las consecuencias; coloca a las repercusiones en suspenso. Esto es la misericordia. Y significa que antes de que el juicio te golpee, tienes la posibilidad de desviar ese efecto y alejarlo de ti. Sólo tú puedes reprogramar el misil para que no alcance su objetivo. ¿Cómo? A través de la transformación.

Si te esfuerzas por cambiar un aspecto en particular de tu naturaleza, ese aspecto específico de tu ego que te hizo cometer la acción egoísta, entonces el juicio no podrá encontrarte. Serás una persona distinta. Y el misil del juicio no podrá encontrar su blanco porque el objetivo original habrá dejado de existir. Esta es la recompensa del cambio interno. Cada pequeña transformación que logramos, elimina los juicios que se dirigen hacia nosotros. Por supuesto, hay muchos aspectos de nuestro ego y muchos efectos que aguardan aparecer en nuestra vida. Pero cuanto más nos transformamos, más juicios evitamos.

Debemos estar agradecidos por la existencia del tiempo. ¡Y no desperdiciarlo!

P: ¿Se acerca el fin del mundo?

R: Según la Kabbalah, el universo tiene más de 15 mil millones de años. Pero la conciencia humana, que se define como el libre albedrío para realizar la transformación espiritual, tiene 5.767 años de antigüedad en el momento en que se está escribiendo este libro. Esta fecha corresponde a los años 2006-2007 del calendario occidental.

Básicamente, el mundo tal como lo conocemos está destinado a durar 6.000 años. De los cuales, ya han transcurrido 5.767. Esto significa que quedan solamente 233 años. Una vez que finalicen los 6.000 años, habrá 1.000 años de paraíso en la Tierra, un tiempo que se conoce como el séptimo milenio. Este paraíso incluirá el fin de la muerte y el sufrimiento, además del nacimiento de la plenitud y la alegría eternas. Después de estos 1.000 años de paraíso, el mundo entrará en una dimensión todavía más elevada de plenitud. El tiempo, tal como lo concebimos en la actualidad, habrá llegado a su fin. La felicidad será una realidad infinita tan plena y eufórica que actualmente, desde nuestra limitada capacidad intelectual, nos resulta imposible entenderla o apreciarla.

P: Si estamos destinados al paraíso, ¿por qué debemos cambiar nuestro comportamiento reactivo?

R: Los antiguos sabios de la Kabbalah aseguran que cuando finalice el sexto milenio y comience el séptimo, el Adversario habrá sido derrotado. Esta es la buena noticia. La mala es que si nuestro actual estilo de vida continúa su curso durante los 233 años siguientes, la eliminación del ego humano implicará un gran tormento y sufrimiento. De hecho, los últimos 233 años harán que los horrores previos sufridos por la humanidad palidezcan en comparación con los nuevos. El *Zóhar* describe este periodo con dos palabras específicas: infortunio y bendiciones. El término "infortunio" alude a las enfermedades, la guerra, el terror y el deterioro del entorno que experimentaremos al entrar en estos años finales.

Afortunadamente, tú y yo tenemos una amplia oportunidad de estar entre los bendecidos. ¿Cómo lo lograremos? Utilizando las herramientas de la Kabbalah de manera proactiva —junto con las creencias espirituales que cada uno tenga— para eliminar el ego y el egocentrismo de nuestra naturaleza. Durante ese tiempo de presión y dolor intensos, lograremos reconocer el valor y la sabiduría de tratar a todo el mundo con dignidad humana, incluyendo a nuestros rivales en el trabajo, a los extraños en la calle y a nuestros supuestos enemigos del otro lado del planeta. Cuando una masa crítica de personas en nuestro mundo logre este objetivo, el sufrimiento finalizará... ¡y la alegría comenzará!

P: ¿Cuál es la masa crítica, ese número mágico?
R: Nadie lo sabe con certeza. Algunos kabbalistas dicen que son diez personas que aprenderán a amar al prójimo incondicionalmente, pase lo que pase; diez individuos que eliminarán

activamente cualquier indicio de egoísmo en su naturaleza. Así pues, según los sabios kabbalistas, diez personas serían suficientes para transformar el mundo y beneficiar a toda la humanidad. Claro que esto todavía no ha ocurrido. Tal vez el número mágico sea 100, o tal vez 100 millones. Sea cual sea la cifra exacta, la Kabbalah afirma que cada persona que se compromete a seguir el camino de la transformación personal experimentará bendiciones, protección y buena fortuna, aunque estén rodeados por caos y conflictos. ¡Estarás de acuerdo conmigo que cambiar nuestra forma egoísta de actuar bien vale esta promesa! Pero, ¿cómo comenzamos a transitar este camino de transformación? Es posible que lo hayas adivinado: ¡la respuesta se halla en el número 42!

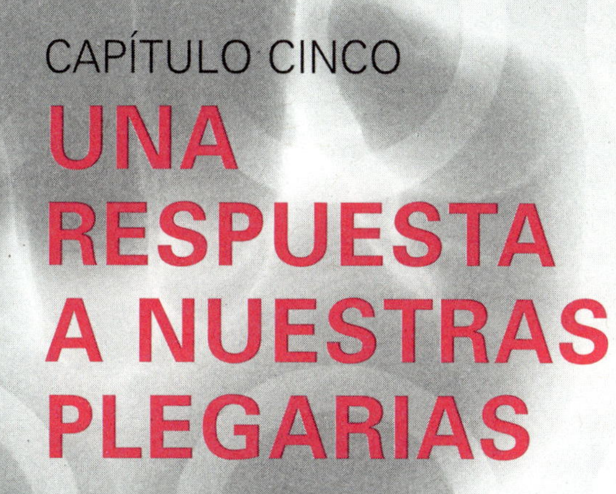

CAPÍTULO CINCO

UNA RESPUESTA A NUESTRAS PLEGARIAS

EL NOMBRE DE DIOS DE 42 LETRAS

¿Qué tiene de especial el número 42? Ya hemos señalado algunas curiosidades al respecto, pero ahora ha llegado el momento de profundizar en el tema.

El *Zóhar* nos dice que el Nombre de Dios de 42 Letras representa 42 fuerzas de energía. Si a estas les añadimos otras 50 fuerzas específicas, tenemos las 92 fuerzas elementales que crean y mantienen todo el universo. El *Zóhar* lo expresa de este modo:

> **"Aquellas 42 letras con las que se creó este mundo, junto con la letra celestial HEI (que es 50) del Nombre Sagrado de Dios, suman 92".**

Después de dos mil años, resulta que el *Zóhar* estaba en lo cierto. La ciencia afirma que existen precisamente 92 átomos diferentes que, según el cosmólogo Arthur Young, "proporcionan el alfabeto de la naturaleza".

Estos 92 átomos combinados de distintas maneras forman todo lo que conocemos (e incluso aquellas cosas que todavía nos quedan por descubrir).

La Meditación del Kabbalista, el Nombre secreto de Dios de 42 Letras, nos otorga la capacidad para cambiar el mundo —para cambiar nuestras vidas— en el nivel más fundamental de esta realidad. Según el *Zóhar*, no sólo podemos modificar los cimientos del átomo (el electrón, el protón y el neutrón), sino que la meditación del Nombre de Dios de 42 Letras también modifica las fuerzas mismas que crean los electrones, los protones y los neutrones. ¿Comprendes la idea? Esta oración se dirige a la causa de todas las causas, a la fuente primordial de la realidad, ¡y allí es precisamente donde reside el Mundo de las Respuestas!

La única tecnología capaz de conectarnos con esta dimensión ultramicroscópica, este reino oculto, utiliza un medio muy antiguo: las letras. Las letras son el enlace, la interfaz. Son el puente entre lo físico y lo espiritual, entre el pensamiento intangible y la expresión tangible (el lenguaje).

Sé que esto puede sonar abstracto, pero es tan fácil como el ABC. ¡Justamente! ¡A, B y C son letras! Y nosotros estamos tratando con el lenguaje arameo, que es el lenguaje de Jesús, del gran Kabbalista Rav Shimón bar Yojái y del *Zóhar*. ¿Recuerdas nuestra analogía de la llave de contacto? Así como la forma única de una llave es el mecanismo por el cual puedes abrir la puerta de tu auto o encender el motor, las formas únicas de las letras del Nombre de Dios representan el mecanismo por el cual puedes abrir las puertas del Cielo y encender las fuerzas de la Creación.

Ya es tiempo, pues, de descubrir el funcionamiento de esta magnífica tecnología para que puedas comenzar a realizar un cambio en tu vida ahora mismo.

LA ESTRUCTURA DEL NOMBRE DE 42 LETRAS

אבג יתץ	אָנָּא בְּכֹחַ גְּדוּלַּת יְמִינְךָ תַּתִּיר צְרוּרָה tserurá tatir yemineja guedulat bejóaj aná	חסד Jésed	1
קרע שטן	קַבֵּל רִנַּת עַמְּךָ שַׂגְּבֵנוּ טַהֲרֵנוּ נוֹרָא norá tahareinu sagvenu ameja rinat kabel	גבורה Guevurá	2
נגד יכש	נָא גִבּוֹר דּוֹרְשֵׁי יִחוּדְךָ כְּבָבַת שָׁמְרֵם shamrem quevavat yijudeja dorshei guibor na	תפארת Tiféret	3
בטר צתג	בָּרְכֵם טַהֲרֵם רַחֲמֵי צִדְקָתְךָ תָּמִיד גָּמְלֵם gamlem tamid tsidkateja rajamei taharem barjem	נצח Nétsaj	4
חקב טנע	חֲסִין קָדוֹשׁ בְּרוֹב טוּבְךָ נַהֵל עֲדָתֶךָ adateja nahel tuvjá berov kadosh jasín	הוד Hod	5
יגל פזק	יָחִיד גֵּאֶה לְעַמְּךָ פְּנֵה זוֹכְרֵי קְדוּשָּׁתֶךָ kedushateja zojrei pené leamjá gueé yajid	יסוד Yesod	6
שקו צית	שַׁוְעָתֵנוּ קַבֵּל וּשְׁמַע צַעֲקָתֵנוּ יוֹדֵעַ תַּעֲלוּמוֹת taalumot yodea tsaakatenu ushmá kabel shaavatenu	מלכות Maljut	7
(בלחש) בָּרוּךְ שֵׁם כְּבוֹד מַלְכוּתוֹ, לְעוֹלָם וָעֶד: vaed leolam maljutó quevod shem baruj (silenciosamente)			

El Nombre de Dios de 42 Letras consta de siete líneas, tal como se describe en el *Sefer Yetsirá*, también conocido como el Libro de la Formación o Libro de Abraham. Cada una de estas líneas contiene seis palabras que se leen de derecha a izquierda.

7 x 6 = 42

Ahora bien, las siete líneas corresponden a los siete días de la semana. Analicemos detenidamente la siguiente idea: cada palabra tiene su propia llave de contacto, que es su primera letra. Cuando tus ojos entran en contacto con la primera letra de cada palabra, los motores de la Creación se encienden. De la misma forma, cuando pronuncias la letra al recitar la palabra, la llave de contacto gira y el motor ruge más fuerte. El contacto entre el ojo y la letra, o entre la boca y la letra, es el punto de ignición que activa el poder de la oración.

Pero antes de aprender a recitar cada una de estas palabras, conviene que sepas lo que cada una de las siete líneas tiene para ofrecernos en cuanto al poder, el cambio y el control sobre nuestra realidad física.

LA PRIMERA LÍNEA

LA PRIMERA LÍNEA – DOMINGO
ANÁ BEJÓAJ GUEDULAT YEMINEJA TATIR TSERURÁ.
ÁLEF, BET, GUÍMEL, YUD, TAV, TSADI

La primera línea actúa como semilla de todo el Nombre de 42 Letras y la primera palabra es la semilla de la primera línea. Por lo tanto, la primera letra de la primera palabra es la semilla de toda la meditación. Por eso, la primera línea comienza con la letra Álef, que es la primera letra del alfabeto hebreo, la semilla original, el comienzo de todo. Esto es muy importante.

Con la primera letra llegamos a la fuente de la Creación, y es aquí donde podemos efectuar un cambio en el nivel del ADN de la existencia, el nivel de la semilla. Los kabbalistas aman las semillas y también las metáforas de los árboles. ¿Por qué? En su interacción con el mundo, un árbol representa muchos de los procesos de la vida, en todos los niveles imaginables. La Kabbalah dice que en caso de enfermedad, si puedes reparar la semilla original, específicamente el ADN que se encuentra dentro de la semilla, curarás inmediatamente todo el árbol. Esto se debe a que tratas la causa raíz de la enfermedad. Por el contrario, si intentas reparar una rama, un fruto o una hoja, ya será muy tarde, pues tratarás los síntomas de la enfermedad en lugar de su causa. Intentarás sobrellevar la enfermedad, algo que los kabbalistas se rehúsan a hacer. Ellos sólo están interesados en restaurar.

En conclusión, con la primera letra del Nombre de Dios de 42 Letras comienzas a sanar tu vida en el nivel de la semilla.

ELIMINACIÓN DEL TIEMPO, EL ESPACIO Y EL MOVIMIENTO

Este es nuestro problema en la vida: tenemos un sueño; establecemos un objetivo; pero entonces comienza el juego de la espera. ¿Por qué? Se debe a que existe un componente crucial que nos impide lograr el resultado que deseamos. Este componente es el tiempo. También se le llama espacio (Einstein ya demostró que el tiempo y el espacio son dos caras de la misma moneda, de ahí la expresión compuesta "tiempo-espacio continuo"). Esta abertura, esta ventana del tiempo, permite que las fuerzas negativas y los obstáculos llenen el espacio vacío, lo cual dificulta que logremos nuestro objetivo. Nos enfrentamos a patrones de interferencia. Obstáculos en el camino. Fricción. Todos éstos impedimentos retardan la llegada de nuestra plenitud.

Imagina que pudieras eliminar al tiempo de la ecuación. ¿Qué sucedería si no existiera ese espacio de tiempo que te separa de la plenitud que buscas? En el momento que desearas algo, ¡lo recibirías al instante! ¿No sería genial? No habría lugar para obstáculos, errores ni malentendidos.

Este es precisamente el propósito de la primera línea: sus seis letras te ayudan a derribar las paredes del tiempo y el espacio. El tiempo se comprime. El espacio se encoge. Todo se acelera. Los sueños se hacen realidad más rápidamente y los objetivos se logran en un instante.

PERO RECUERDA: ¡Todo lo que pides lo consigues! Así que anda con cuidado.

Aquí hay dos consejos que te ayudarán a lograr la felicidad que tanto ansías:

CONSEJO 1
TEN CUIDADO DE NO REZAR POR LAS COSAS INCORRECTAS

Hay dos formas de recibir respuesta a tus oraciones: una es rezar en nombre del ego (ser complaciente con él); la otra es orar por el placer y la satisfacción de tu alma. La elección es tuya. ¿A cuál de los dos quieres complacer?

Este es mi consejo: cuando satisfaces las demandas de tu ego, la alegría es intensa e inmediata, pero acabas pagando un precio por ello. Porque esa alegría, breve y dulce, sólo es transitoria. Y no solo eso, sino que cada vez que eliges complacer a tu ego, estás pasando por alto la oportunidad de algo mucho más valioso, algo que no puedes tocar con tus dedos, pero que tiene la capacidad de calmar tu alma a largo plazo. Deja que te explique.

Cada día, la vida te ofrece la oportunidad de realizar elecciones, las cuales te permiten acumular bienes. De estos existen dos clases: los bienes de mayor valor en el universo y los que pierden su valor con el paso del tiempo. Los bienes que pierden su valor están conformados por todas aquellas cosas que puedes comprar con dinero y que, por lo tanto, a medida que pasa el tiempo te gratifican cada vez menos. Todo lo demás, lo que no puedes comprar, pertenece a otra clase de bienes. La siguiente lista enumera algunos ejemplos de ambos tipos. (Si lo deseas, haz tu propia lista o añade más elementos).

LISTA 1 (LO QUE EL DINERO PUEDE COMPRAR)	LISTA 2 (LO QUE EL DINERO NO PUEDE COMPRAR)
Casa	Hogar
Sexo	Amor
Los mejores médicos	Salud
Los mejores psiquiatras	Paz mental
Ocio y entretenimiento	Amistad
Automóviles	Disfrute
Una casa con vista al mar	Paz y seguridad interior
Ropa de marca	Autoestima
Esposo o esposa	Alma gemela
Drogas	Plenitud
Información	Sabiduría
Poder	Coraje
Honores	Alguien que te quiera

El Adversario te ofrecerá una elección cada día. Tu tarea es escoger el bien que quieres recibir; esa es tu única elección. Puedes elegir tanto de la Lista 1 como de la Lista 2. La reacción inicial de tu ego siempre será aceptar el ofrecimiento de la Lista 1. Pero una vez que eliges algo de esta lista, le otorgas al Adversario el poder de quitarte un bien de la Lista 2. No es un intercambio justo, pero solemos hacerlo una y otra vez.

Así es la vida. Así son las leyes irrefutables de la existencia humana. Puedes negarlas. Puedes elegir no aceptarlas. Ese es tu derecho; es tu libre albedrío en acción. Pero nada cambiará: cada vez que eliges un bien de la Lista 1, el Adversario se lleva algo de la Lista 2. Así de claro y simple.

A estas alturas ya habrás notado que los kabbalistas no son un grupo moralista, pues no imponen sus elecciones éticas a otras personas. Los kabbalistas son inversionistas muy sagaces. Ellos han aprendido a apostar sólo por las inversiones con excelente retribución a largo plazo.

Ellos no rechazan el materialismo en una actitud noble. Tampoco se alejan de las elecciones del ego por un idealismo moral. Los kabbalistas simplemente reconocen la sabiduría que existe en cambiar bienes sin valor por una riqueza invalorable.

Cuando escoges un elemento de la Lista 1, el Adversario planta la idea en tu mente de que eres un jugador inteligente. Y tú te lo crees. Te hace sentir bien... por un momento. Pero ahora sabes la verdad: es una apuesta para tontos.

Así que, insisto: ten cuidado con las cosas por las que rezas; es posible que las recibas.

Entonces, ¿significa esto que debes abandonar el plan de comprarte una casa o un par de zapatos italianos, de conducir un coche bonito o llevar en tu bolsillo un iPod? No, en absoluto.

Relájate. Nadie te está sugiriendo que renuncies a todas tus posesiones o te vayas a vivir a una montaña para conectarte con la naturaleza. Sería demasiado fácil, aunque no lo creas. Resulta mucho más difícil vivir en este mundo material y caótico, y ganarte la verdadera plenitud.

Si tu intención es elegir un hogar en vez de una casa lujosa, la Luz del Creador, el Mundo de las Respuestas, te lo enviará. Pero si tu deseo es tener una casa llena de objetos lujosos para lucirte delante de tus amigos, estás cambiando todo eso por la posibilidad de un hogar, además de toda la calidez, el amor y la satisfacción que pueden habitar en él.

Si estás obsesionado con una persona, puedes pedirle a Dios que esa persona te ame. ¿Pero no sería mejor pedirle que te guíe hacia una relación basada en el cariño y el amor? ¿Qué pasaría si dejaras que Dios se ocupara de los detalles sobre quién debe ser tu pareja? Piénsalo.

Hay un secreto que muy pocos integrantes de la religión organizada conocen: "Más quiere la vaca alimentar a su cría que el ternero mamar". En otras palabras, el deseo de Dios de compartir placer y plenitud contigo es infinitamente mayor que tu deseo de recibirlos. Al final, los seres humanos estamos destinados a tener todo lo que está en las dos listas, y mucho más que eso. Después de todo, la Luz del Creador es infinita.

La clave está en descubrir qué es la plenitud real y qué es la satisfacción transitoria. Cuando escogemos genuinamente la Lista 2, cuando verdaderamente dedicamos nuestra vida a obtener todo lo que hay en la Lista 2, entonces los bienes de la Lista 1 quedan incluidos, siempre que nos ayuden a obtener lo que queremos. Si podemos tenerlo todo, ¿por qué pedir menos? El problema es que no estamos acostumbrados a pensar así. Suena simple, y lo es; pero no es fácil. Lleva toda una vida aprender verdaderamente estas lecciones. Espero que este libro y las herramientas expuestas en él te permitan comenzar hoy mismo. ¿Para qué desperdiciar otro día en buscar aquello que no te dará la verdadera plenitud?

Esto me lleva al consejo 2. Te prometí dos consejos, ¿recuerdas?...

CONSEJO 2
¡NUNCA PIDAS NADA DE LA LISTA 2!

"¿QUÉ? ¿ESTÁS HABLANDO EN SERIO?"

EL MUNDO DE LAS RESPUESTAS ESTÁ AQUÍ.

Sí, muy en serio. Ya tienes todas las respuestas a tus plegarias. Todo lo que aparece en la Lista 2 está aquí. En este momento. ¿Piensas realmente que Dios diría "No" a tu plegaria para recibir amor, placer y paz mental? Él nunca te diría que no. Jamás.

Recuerda, Dios no obra de forma misteriosa. Dios nunca rechazaría una petición de alegría, salud y curación a una persona que lo necesita. La razón por la que nuestras plegarias no obtienen respuesta es otra: ¡las cortinas que hemos creado! Estas cortinas ocultan todas las respuestas y las soluciones que ya están presentes, de la misma forma que una persiana impide que la luz del sol entre en una habitación. La luz siempre está allí. Siempre. Pero la cortina hace que la habitación permanezca a oscuras.

Entonces ¿en qué consiste la Lista 2? Y, en el Nombre de Dios (de 42 letras), ¿por qué cosas debemos rezar?

TODO COMIENZA CON LA INTENCIÓN

La intención es la clave al utilizar el Nombre de 42 Letras. Al rezar, tu intención debe ser recibir todo lo que está en la Lista 2, pero para hacerlo debes concentrarte en uno de tus rasgos desagradables. Rezas para eliminar un bloqueo. Una cortina. Un obstáculo. Una barrera. Meditas o rezas para eliminar aquello que está impidiendo que tu alma gemela o la comodidad financiera aparezcan en tu vida. ¿Comprendes ahora?

Cuando meditas para eliminar tus rasgos negativos, con la intención de recibir bienes de la Lista 2, comienzan a fluir cosas buenas hacia ti. ¿Por qué? La respuesta kabbalística a esta pregunta es brillante, así que presta atención: cuando suprimes las barreras (los rasgos negativos) de tu naturaleza, la primera línea de ese texto antiguo elimina automáticamente las barreras del mundo físico. El tiempo se acorta. Tus sueños se cumplen con mayor rapidez.

Tal como hemos visto, en la Luz que emana del Creador no existe el concepto de tiempo. La Luz de Dios está en todas partes, al mismo tiempo. Esta extraordinaria Energía divina trasciende todas las limitaciones de tiempo, espacio y movimiento. ¿Qué significa esto para ti? Que cuando dejes entrar a la Luz de Dios en tu vida, recibirás recompensas inmediatas, ¡sin ninguna dilación! En un instante, serás testigo de un aumento de todo lo que esa Luz personifica: más alegría, amor y felicidad.

Ahora debes realizar una nueva lista. Llamémosla Lista 3.

CREAR LA LISTA 3

Dedica unos momentos a reflexionar honestamente. Identifica cinco rasgos personales de ti mismo que no sean agradables. Cuanto más implacable seas en este reconocimiento, mejores resultados obtendrás. Ahora bien, como el Adversario es muy hábil en ocultarnos algunas de nuestras características más desagradables, es probable que necesites la ayuda de otras personas para encontrar aquello que no puedes percibir (o no quieres admitir). Según la Kabbalah, sólo descubres tus peores rasgos negativos cuando escuchas la crítica de los demás.

Los demás son los mensajeros. Por lo tanto —y esto es obligatorio— debes pedir a tus amigos, e incluso a algunas personas por las que no sientas demasiado afecto, que te revelen tres aspectos que no pueden soportar de ti. Escribe esas cualidades en un papel.

Bien, vas por buen camino. Ahora tómate unos instantes más, e intenta hacer lo siguiente. Elige a tres personas de tu vida. La primera debe ser un buen amigo; la segunda, un miembro de tu familia de origen; y la tercera, alguien por quien no sientas ninguna simpatía, incluso un enemigo.

Ahora identifica tres rasgos desagradables o características odiosas de cada una de estas tres personas. Pueden estar incluidas: la vagancia, los celos, la arrogancia, o cualquier otra característica insufrible. Una vez que hayas identificado estos rasgos, ponlos al inicio de tu nueva lista.

Sí, has leído bien. Estas son en realidad las características que tienes que trabajar. La Kabbalah dice que todo lo que ves como algo malo en los demás es un reflejo directo de tu propio ser. Es como mirarse en el espejo. De hecho, el mundo físico es un espejo porque así fue diseñado. Recuerda que todas las verdades se nos ocultan, y nuestra tarea es encontrarlas. ¿Y qué mejor lugar para ocultar nuestros propios rasgos desagradables que dentro de las personas con las que interactuamos todos los días? Lógicamente, esto ocasiona que la tarea de encontrar nuestros rasgos negativos resulte muy dificultosa y, por lo tanto, mucho más gratificante cuando descubrimos la verdad.

Esta nueva lista es tu mapa con dirección al Mundo de las Respuestas.

Esto es por lo que debes rezar: la eliminación absoluta de todos estos rasgos de tu carácter.

DESINTERESADAMENTE

La primera línea del Nombre de Dios de 42 Letras también despierta el amor incondicional. Al meditar sobre ella, puedes activar dentro de ti el deseo de ofrecer esa clase de amor desinteresado, esa bondad libre de intereses propios. La primera línea de la meditación ayuda, tanto a ti como al resto del mundo, a preocuparse por los demás de forma desinteresada. De hecho, casi todas las contribuciones caritativas y los gestos amistosos esconden algún motivo oculto. Esto causa que las cortinas permanezcan cerradas y que el Mundo de las Respuestas siga fuera de nuestro alcance. Por el contrario, cuando compartimos nuestro amor con los demás, las cortinas se caen; la Luz entra, brillante, y las soluciones llegan a nuestra puerta.

Esto quiere decir que nuestro amor incondicional debe seguir circulando para que podamos recibir más de lo mismo. Y para gozar de un sistema circulatorio saludable, debemos tener un corazón saludable.

EL CORAZÓN DEL ASUNTO

Pese al infinito amor que existe en el reino oculto, permitimos que una cantidad inconmensurable de odio exista en este mundo físico. El conflicto entre pueblos, tribus, aldeas y civilizaciones ha sido una característica constante de la vida en la Tierra desde que los primeros humanos formaron clanes. Pero estos conflictos, estas diferencias entre pueblos, juegan un papel primordial en la tarea de traer unidad y paz a este mundo. ¿Cómo pueden nuestras diferencias crear unidad? El *Zóhar*, el libro primordial de la Kabbalah, lo explica con una profunda simplicidad.

Pensemos en un cuerpo humano saludable. Tal como expliqué anteriormente, nuestro cuerpo está formado por distintos órganos, cada uno de los cuales tiene una función específica: el hígado no cumple la misma función que el corazón; los riñones no sirven para lo mismo que los pulmones. Pero juntos, cuando funcionan en perfecta armonía, crean a un ser humano saludable.

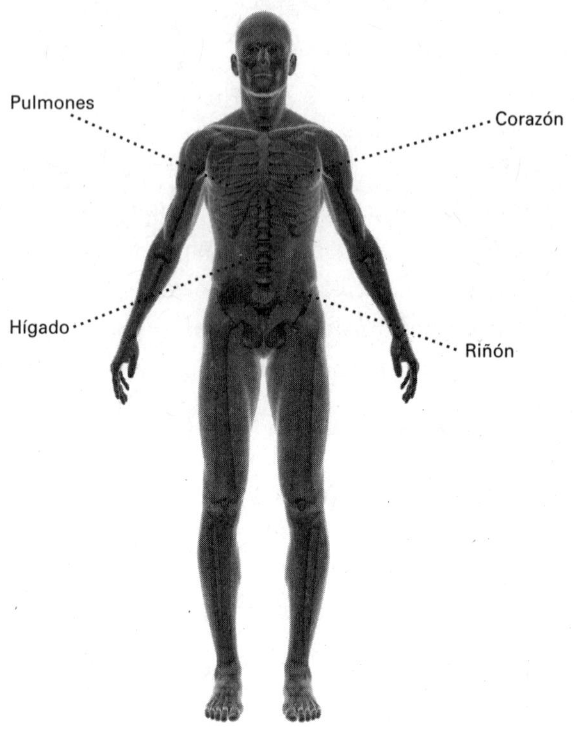

Cada una de las naciones de este mundo, cada grupo de personas, independientemente de sus creencias, rituales y costumbres particulares, representa un órgano diferente en el cuerpo de la humanidad.

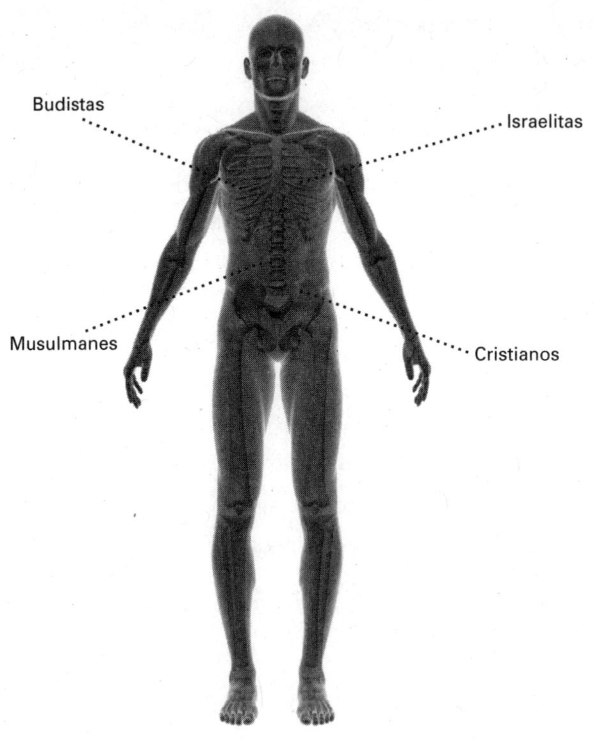

Esto no es poesía; es la física de la realidad. Según el *Zóhar*, los Israelitas juegan el papel del corazón. En unos instantes explicaré un poco más acerca de la definición de "Israelita". Por el momento, todo lo que necesitamos recordar es que la función del corazón es bombear sangre hacia todos los órganos. Si hay una falta de flujo sanguíneo, se produce un paro cardiaco, un derrame o una gangrena. La Kabbalah dice que el Nombre de Dios de 42 Letras es una arteria vital que nutre y transporta sangre (Luz y energía divina) a todos los órganos del cuerpo (todas las naciones del mundo). Si existe odio en el mundo, es porque la Luz no fluye libremente desde el corazón.

La primera línea del Nombre de Dios de 42 Letras es la arteria específica que lleva esta Luz a todas las naciones, otorgándoles una medida determinada de alimento espiritual. Ninguna nación puede alcanzar la perfección ni la plenitud duradera por sí misma. Todos estamos profundamente conectados unos con otros, del mismo modo que los órganos y las células del cuerpo están interconectados de manera inextricable. Sin embargo, esta verdad se nos ocultó durante la Creación para que pudiéramos descubrir esta profunda lección por nosotros mismos.

LA DEFINICIÓN DE ISRAELITA

Habrás notado que para describir la función del corazón no he utilizado la palabra "Judío", sino la palabra "Israelita". Según el *Zóhar*, un Israelita es aquel que utiliza el camino de la Kabbalah para eliminar todos sus rasgos y deseos egocéntricos. En el Antiguo Testamento existe un relato sobre un hombre llamado Jacobo, quien lucha contra un ángel malvado que está relacionado con su hermano Esaú. En la historia, Jacobo lucha contra el ángel durante toda la noche y cuando finalmente lo derrota, cambia su nombre por el de Israel.

Como ocurre con tantos otros relatos del Antiguo Testamento, el significado de esta historia está codificado. Jacobo es el código para ti y para mí. El ángel es el código de la Lista 3. Cada vez que logramos vencer un rasgo negativo, desempeñamos el papel del corazón. Bombeamos sangre, bendiciones y Luz a todas las naciones del mundo. Y cuando erradicamos de nosotros todos los rasgos que hemos apuntado en la Lista 3, ¡nos convertimos en un Israelita!

¿Qué pasaría si nadie asumiera el papel del corazón, si nadie dedicara su vida a vencer los elementos de la Lista 3? Habría una falta de flujo sanguíneo en el mundo, ¡una falta de Luz! De la misma manera que un cuerpo sufre un derrame cerebral cuando la sangre no llega al cerebro, la humanidad experimenta guerras, genocidios, inundaciones o hambre cuando la Luz no llega a todas las naciones del mundo. La razón es simple: nuestro mundo físico es el reflejo de nuestra condición espiritual.

Por lo tanto, cuando recites la primera línea del Nombre de 42 Letras, medita con la profunda convicción de que compartirás esta Luz con tus enemigos, con tus amigos y con todas las naciones del mundo. La energía que transmitirás templará sus corazones, despertará sus almas y encenderá amor para ti y todas las personas del mundo. Pide milagros. Y espéralos.

¿Todavía no estás totalmente convencido? Puedes estar seguro de que si esta primera línea no pudiera lograr un milagro tan asombroso, los kabbalistas no habrían desperdiciado ni un segundo de su vida en el Nombre de Dios de 42 Letras. Así que, ¡dile a la duda que se vaya de paseo e inténtalo! Cada vez que lo hagas, el amor incondicional fluirá por el cuerpo y el alma de cada persona en este planeta. A medida que más personas continúen utilizando esta tecnología, su efecto acumulativo será la eliminación sistemática del odio y el ego de este mundo.

Y esto no tiene que llevar necesariamente toda una vida. No olvides que la primera línea elimina el espacio y el tiempo y, por lo tanto, nos trae el futuro aquí y ahora. ¡Nos da la oportunidad de acelerar el advenimiento de la paz en la Tierra! Así que, ¿qué estás esperando?

LA SEGUNDA LÍNEA

LA SEGUNDA LÍNEA – LUNES KABEL RINAT AMEJA SAGVENU TAHAREINU NORÁ. KOF, RESH, AIN, SHIN, TET, NUN

Esta es una de las pocas líneas del Nombre de Dios de 42 Letras que literalmente deletrea algo, en este caso al utilizar las primeras letras de cada una de las seis palabras. Estas componen la siguiente frase:

KRA SATAN, lo que literalmente significa: ¡Arranca a Satán!

No, no se trata de una línea de diálogo perteneciente a una película de terror; tampoco de los delirios lunáticos de un fanático religioso. Es un código. Cuando Moisés subió al monte Sinaí hace 3.400 años, escribió en un rollo de pergamino. Nosotros conocemos estas escrituras como el Antiguo Testamento, la Torá o los primeros cinco libros de la Biblia. En este texto antiguo, escrito hace unos 34 siglos, encontramos por primera vez el uso de la palabra Satán en su forma hebrea original.

Pero, Moisés no se refería al diablo con cuernos que vemos en las historietas o en las películas de bajo presupuesto. La traducción precisa de la palabra hebrea "Satán" es "El Adversario". Este Adversario es un fenómeno muy real que experimentas cada día de tu vida, aunque hasta hoy no lo supieras. Supongamos que te comprometes a reducir la ingesta de carbohidratos en tu dieta. Días después, tu deseo de comerlos aumenta y una voz en el interior de tu cabeza te dice: "Vamos, come. Unos pocos carbohidratos nunca han dañado a nadie. ¿Por qué no vuelves a empezar tu dieta el lunes?".

La voz que acaba de sabotear tu verdadera intención no es tuya, es la del Adversario. De hecho, él oculta tu verdadero "yo", ese que quiere estar sano y tener un peso adecuado. Pero, el Adversario prefiere que sigas siendo un esclavo de tus caprichos y antojos. Y eso es así porque cuando tu mente está ocupada en qué puedes llevarte a la boca, la conexión con la Luz de Dios pasa a ser secundaria.

El Adversario es el Ego, el aspecto reactivo e impulsivo de cada ser humano. Se creó para ocultar el verdadero "yo" de las personas, de forma que la tarea de descubrir la Luz fuera más desafiante y, por lo tanto, valiera más la pena y nos otorgara más plenitud.

TU ÚNICO PROBLEMA

Nada de esto sería problemático si no fuera por una sola cosa: crees que tu ego eres tú. Confundes a los pensamientos e impulsos del Adversario con los tuyos. Y en el momento en que lo crees, se vuelve real. Tú y el Adversario se convierten en uno. Ahora el ego controla tu vida. Te haces promesas a ti mismo y después las rompes. Sabes que no deberías hacer o decir ciertas cosas y, sin embargo, actúas y hablas como si no lo supieras. Sabes que necesitas hacer ciertas cosas, pero no les das seguimiento, ¡aunque quieras hacerlo!

Esta es la razón por la que la vida tiene tantos altibajos. Cuando escuchamos a nuestro ego, recibimos una recompensa y una gratificación inmediata. La vida parece seguir el camino que deseas. Pero tarde o temprano te ves forzado a enfrentar las consecuencias de tus acciones egocéntricas. Y lo que es aún peor, cuando estas repercusiones finalmente aparecen, el mismo ego retorcido nos dice que son producto del azar y la mala suerte. Y nosotros le creemos. Solemos aceptar la idea de que la vida es caótica, un mar de hechos impredecibles lleno de desgracias. Hemos perdido el contacto con nosotros mismos. Y el Ego, el único Adversario que existe, hará todo lo que pueda para alejarnos de la verdad e impedir que nos conectemos con el Mundo de las Respuestas.

¿Cómo nos libramos del Adversario? Necesitamos arrancarlo de nuestra conciencia, de todas y cada una de las células de nuestro cuerpo. Él es la cortina que oculta nuestro verdadero yo. Arranca la cortina que bloquea la luz del sol de tu verdadero yo, y verás cómo el mundo se transforma por completo. Arranca el ego de tu mente y tu cuerpo, ¡y verás a tu verdadero yo brillar intensamente!

Este es el objetivo de la segunda línea del Nombre de Dios de 42 Letras: arrancar todas y cada una de las cortinas del Adversario, pero no sin pedir algo de ti. Primero debes identificar (y por lo tanto admitir) tus rasgos egocéntricos específicos que quieres eliminar. Cuanto más te cueste admitirlos, mayor será la cantidad de Luz que este proceso atraerá a tu vida.

CERRAR LAS ABERTURAS DE LAS PUERTAS

¿Has intentado alguna vez bloquear toda la luz del sol en una habitación durante el día? Es prácticamente imposible. Siempre hay algún rayo que logra entrar a través de alguna rendija.

La Kabbalah las llama puertas con aberturas, a través de las cuales algún intruso indeseado puede infiltrarse. De la misma forma que la luz del sol, que por su naturaleza es implacable en su esfuerzo por iluminar una habitación, nuestro Adversario es despiadado en su deseo de controlar nuestro comportamiento y nuestra vida. No importa de cuántas maneras intentemos bloquear su influencia, de alguna forma siempre logra infiltrarse. Aún las más pequeñas infracciones, los actos egocéntricos más ínfimos, crean nuevas aberturas que permiten al Adversario acceder a nuestra vida.

Pero la segunda línea del Nombre de Dios de 42 Letras sella estas puertas. Todas las aberturas, fisuras, brechas y agujeros que existen dentro de nosotros se cierran herméticamente cuando meditamos en ella. Esta sí que es una herramienta poderosa, ¡y está a tu disposición siempre que la necesites!

BLOQUEAR AL ADVERSARIO

Solo hay dos estados de existencia para un ser humano:

1. Reactivo

2. Proactivo

No hay otra posibilidad. Estás en un estado o en el otro.

El estado reactivo significa simplemente eso: que reaccionas ante todo lo que te ocurre.

- Un insulto te pone furioso.
- Un halago eleva tu autoestima.
- Perder un negocio te hace enojar.
- Un aumento de salario te pone feliz.
- Sientes envidia cuando tu mejor amigo tiene buena suerte.
- Sientes un cosquilleo cuando compras un coche más bonito que el de tu amigo.
- La turbulencia en el avión te da un gran susto.
- Cuando la alarma de seguridad del avión se apaga, te calmas inmediatamente y suspiras aliviado.

Algo externo controla tus sentimientos en todas esas situaciones, algo fuera de tu persona afecta directamente a tus emociones. Tus estados de felicidad, miedo, celos y alivio son causados por un estímulo externo. Reaccionas. Pierdes el control. No eres la causa de tus sentimientos, sino un simple efecto.

Por el contrario, si te encuentras en un estado proactivo, la vida no es algo que "te pasa", sino que eres el protagonista de tu vida. Eres la causa. Eres el Creador. Revelas la felicidad, que es la verdadera esencia de tu ser, mediante las decisiones que tomas. Nada externo a ti rige tu estado emocional.

De acuerdo a la estructura de la realidad y a las leyes que gobiernan nuestra existencia, vivir en estado reactivo es un problema muy serio. ¿Por qué?

CONEXIÓN VERSUS DESCONEXIÓN

Según la Kabbalah, cada vez que reaccionas te desconectas del Mundo de las Respuestas y te arraigas un poco más en el Mundo de las Preguntas. En cambio, cada vez que eres proactivo, te conectas inmediatamente con el Mundo de las Respuestas.

Por lo tanto, sin importar cuán espantosa sea la noticia que recibas o cuán pesimista parezca una situación, si reaccionas con miedo, preocupación o duda, acabarás en el Mundo de las Preguntas. En cambio, si entiendes —si de verdad entiendes— el funcionamiento de este juego de la vida, reconocerás que al ser proactivo te conectas inmediatamente con el Mundo de las Repuestas... ¡Y un infinito manantial de soluciones pasa a ser tuyo!

CÓMO TRANSFORMARSE DE REACTIVO EN PROACTIVO

¿Cómo se vuelve uno proactivo? ¡Esta es la pregunta del millón!

Cada vez que realizas un esfuerzo consciente por ***resistirte*** a ser reactivo, por muy justificada que pueda parecer esta reacción, te conectas inmediatamente con el Mundo de las Respuestas. ¿Por qué? Debido a que cada vez que te resistes a reaccionar estás siendo proactivo. La resistencia es el vehículo que te conduce del estado reactivo al proactivo.

El punto clave es el siguiente:

Aunque tu reacción sea justificada, si no te resistes a ella, te desconectas del Mundo de las Respuestas.

¿Quieres tener razón, pero vivir desconectado del Mundo de las Respuestas? ¿O prefieres estar conectado con las soluciones que buscas, aun cuando esto implique aparecer como equivocado a los ojos de los demás o de tu propio ego? Desperdiciamos una energía valiosísima defendiendo nuestro punto de vista, racionalizando nuestra conducta e intentando ganar todas las discusiones, todo a pesar de que nuestras respuestas reactivas nos mantienen atrapados dentro de un mundo de caos. Sin embargo, cuando dejamos de reaccionar, la vida se transforma ante nuestros ojos.

Por si todavía no te has dado cuenta, las presiones de la vida, con su inacabable flujo de molestias, nos provocan todo el tiempo. Y las personas más cercanas a nosotros son las más expertas en el tema. La vida es como un disparador gigante que activa reacciones dentro de ti todo el día. ¿Te parece extraño que tus plegarias parezcan no obtener respuesta? No te asombres, pues vives totalmente sumergido en el Mundo de las Preguntas.

UNA SOLUCIÓN

Cuando se te hace demasiado difícil resistirte a la reacción, la segunda línea de nuestro texto te ayuda a detener el sistema reactivo, como si de pronto cambiaras la tecla de "encendido" a posición "apagado". No digo que suprimas tus sentimientos, sino que se trata de apagar todo el sistema reactivo y dejarlo ir. Esta es la diferencia entre sobrellevar una enfermedad y curarse. La supresión implica reprimir todas nuestras reacciones mientras intentamos sobrellevar el caos; se trata de una estrategia peligrosa e ineficiente, ya que en algún momento explotarás. La meditación en la segunda línea crea un apagón completo de tu poder egocéntrico. Todas tus reacciones se detienen y te encuentras en un simple y sereno estado proactivo.

EL PODER DEL CONOCIMIENTO: OLVIDA TODAS TUS LIMITACIONES

El Adversario usa un arma muy poderosa contra ti: se llama incertidumbre. También se le puede llamar aprehensión, duda o "pensar en pequeño". Verás, el Adversario crea con eficiencia la ilusión de que estás limitado. Imagina que a unos 20 metros frente a ti hay un muro de ladrillos. ¿Correrías hacia él con todas tus fuerzas? Por supuesto que no. Pero ¿qué pasaría si supieras previamente que ese muro no es más que una suave sábana del mejor algodón egipcio y que simplemente está pintada para que parezca un muro real? Tu miedo desaparecería y correrías hacia adelante sin dudarlo.

Así es la vida. El Adversario pinta muros de ladrillo alrededor de cada área de nuestra vida. Todas las dudas, incertidumbres y limitaciones que nos imponemos a nosotros mismos son obra de él. Se trata de un artista brillante que pinta imágenes muy convincentes de límites, barreras e imposibilidades.

Sin embargo, todas esas imágenes no son más que una ilusión. Porque todo es posible. Todo. No obstante, nuestra propia creencia acerca de la existencia del muro de ladrillos puede convertirse en una profecía autocumplida cuando construimos muros en nuestra mente tanto para evitar el crecimiento y los desafíos, así como también para evitar perseguir nuestros sueños. Todos esos obstáculos que percibimos, y que cobran las formas del miedo y la duda, se inician en nuestra mente y dan lugar a los obstáculos físicos que nos dominan en la vida. Pero en el momento en que nos olvidamos de estos obstáculos , las barreras físicas simplemente se desvanecen.

Tomemos como ejemplo una madre o un padre que siempre ha soñado con emprender su propio negocio en casa para poder dedicar más tiempo a sus hijos. Las barreras mentales, que le hacen pensar en preguntas como "¿qué sucederá si...?, imaginar los resultados más pesimistas o sufrir de simple y pura ansiedad, no permiten que esa persona pase a la acción. Los pensamientos que le resuenan en la mente pueden ser similares a los siguientes:

- ¿Qué sucederá si no gano dinero suficiente para mantener a mi familia?
- ¿Y si al salir de un ámbito laboral estructurado pierdo la motivación para trabajar?
- ¿Y si me arrepiento de haber dejado mi trabajo actual?

Estos pensamientos, estas imágenes limitadas e incompletas, son una de las técnicas efectivas del Adversario para incitarte a abandonar tu sueño y despedirte de la posibilidad de realizarlo.

Recuerda que él quiere que te mantengas encerrado en el miedo y desconectado del Mundo de las Respuestas, donde abundan las posibilidades y la esperanza. Si el Adversario te permitiera conectarte con ese mundo, perecería ante la presencia de una Luz tan espléndida y de tanto optimismo.

Esto significa que tan pronto reconoces el temor y la duda por lo que son realmente, te liberas de la influencia del Adversario y te abres a recibir todo lo que la Luz tiene para ofrecerte. Tu camino se vuelve más claro, tus tareas menos desafiantes y tu motivación y energía para seguir persiguiendo tu sueño aumentan a pasos agigantados. En otras palabras, las paredes de ladrillo que previamente levantaste se convierten en suaves y cómodas sábanas.

CORRECTO O INCORRECTO

Durante miles de años, volar por el aire representaba un "muro de ladrillos". Era imposible; pero solo hasta que aparecieron los hermanos Wright. Estos dos hábiles hermanos demostraron que nuestro pensamiento no sólo era limitado, sino completamente incorrecto. De hecho, cada avance tecnológico, hallazgo científico o descubrimiento médico fue alguna vez considerado imposible, hasta que alguien decidía olvidar todas las razones que aseguraban que no podría funcionar y embestía contra ese muro de ladrillos.

La segunda línea de este texto antiguo te ayuda a ignorar todas las razones por las que algo no puede lograrse y a comenzar a soñar con valentía. Con la ayuda de esta línea, comienzas a creer en tu capacidad para lograr cualquier cosa que tu corazón desee. Pero no se detiene aquí; tu certeza en ti mismo y en tu sueño continúa creciendo hasta que sabes que puedes conseguirlo todo, en vez de simplemente creerlo. Y cuando sabes que algo es absolutamente cierto, nada puede impedirte que lo consigas. Nada.

Mediante el poder de la segunda línea, despertarás a la certeza verdadera. Después te elevarás de la creencia a la poderosa conciencia del saber.

LA TERCERA LÍNEA

LA TERCERA LÍNEA – MARTES
NA GIBOR DORSHEI YIJUDEJA QUEVAVAT SHAMREM.
NUN, GUÍMEL, DÁLET, YUD, CAF, SHIN

Las tres primeras letras de esta línea (***NUN***, ***GUÍMEL***, ***DÁLET***) abren la puerta a la verdadera prosperidad financiera y espiritual. Fíjate que he dicho "prosperidad financiera y espiritual"; esto se debe a que ambos conceptos van de la mano. Pero antes de comprender su significado, necesitamos examinar los lugares desde los cuales la abundancia financiera fluye.

Existen dos fuentes de buena fortuna financiera en nuestro mundo: el Adversario y el Mundo de las Respuestas. Ambas son como bancos que continuamente te prestan dinero durante toda tu vida. El Ego, el Adversario, te hace creer que eres el poseedor de tu propio dinero y que te lo has ganado sólo por ti mismo. Pero la verdad es que todo el dinero que obtienes en tu vida, todos los bienes que adquieres, son simples préstamos. Por eso, no te los llevas contigo cuando abandonas este mundo.

Así es como funciona en realidad:

Ambos bancos disponen de una cantidad ilimitada de dinero disponible. Y cada uno de ellos tiene su propio y único sistema.

- **El sistema bancario del Adversario se llama EL BANCO REACTIVO.**

- **El sistema bancario del Mundo de las Respuestas se llama EL BANCO PROACTIVO.**

Cada vez que complaces a tu ego mediante tu comportamiento egocéntrico para ganar un céntimo, sacas dinero del Banco Reactivo. Esta "entidad financiera" está feliz de poder prestarte dinero de esta manera, ya que el Adversario, tu agente bancario, te cobra un interés por cada préstamo que sacas.

¿Cuál es el interés? Regresa a la página 64 y lee todos los elementos de la Lista 2: esos son los intereses que estás pagando. Tú recibes el dinero como una compensación solo para ti mismo y el Adversario se lleva exactamente lo que en realidad querías, pero no supiste reconocer.

Cuando decides realizar tus transacciones en el Banco Proactivo, este también te cobra un interés. Sin embargo, este interés no proviene de la Lista 2; el único interés que debes pagar proviene de tu ego. Así es; como interés del dinero que has tomado prestado, debes soltar un rasgo egocéntrico. Debes dejar ir la reactividad y el comportamiento egoísta. Este es el requisito para tomar prestado dinero del Banco Proactivo.

Este es el modelo financiero completo en el que se basa la vida. Casi todas las personas del mundo han estado sacando préstamos del Banco Reactivo y pagando a cambio una tasa de interés exorbitante, razón por la cual se sienten desesperadas y empobrecidas espiritualmente. ¿Aún te preguntas por qué hay tanto caos en el mundo?

Y a nivel más personal, ¿por qué crees que algunas partes de tu vida contienen felicidad mientras que otras están llenas de todo tipo problemas? El Adversario se asegura de que no conectes los puntos entre tu comportamiento reactivo y tu dolor; de que no sepas que existen dos bancos, dos tipos de préstamos y de intereses. Incluso ahora mismo está trabajando en ti para que te cuestiones estas palabras. "Toda esa idea del Banco Reactivo y el Banco Proactivo sólo es una ingeniosa metáfora", te dirá. Pero no te dejes engañar.

Trabajas arduamente todo el día para ganarte la vida. Trabajas como un esclavo toda la semana para recibir un sueldo. Te esfuerzas 24 horas al día y 7 días a la semana para crear un negocio. Todo el éxito que recibes y el dinero que ganas, por mucho o poco que sea, los has obtenido mediante tu naturaleza reactiva. ¿Por qué? Es muy probable que nunca hayas entendido que las reglas según las cuales has estado viviendo son ilusiones. Pero ahora que sabes que el Adversario existe, ahora que sabes que ambos bancos existen, puedes comenzar a obtener prosperidad del Banco Proactivo.

TU NUEVA CONTRASEÑA

Las tres primeras letras de la tercera línea son la nueva contraseña de tu nueva tarjeta bancaria que utilizarás para sacar dinero del Banco Proactivo. Cuando meditas sobre esta secuencia de letras y al mismo tiempo admites uno de tus hábitos o comportamientos egocéntricos, de inmediato tomas prestado dinero espiritual que se traduce en buena fortuna y beneficios financieros. Cuando demuestras un comportamiento tolerante y amable en tu vida diaria, cuando vences un rasgo reactivo en tus negocios, con tus amigos o con tu familia, tú eres quien más se beneficia de ello. Cuanto más entierras a tu ego, más riquezas puedes obtener del Banco Proactivo, que —como puede que hayas adivinado— es simplemente otro nombre para la Luz del Creador.

Pero no te equivoques. Esta secuencia de letras no es en absoluto una fórmula para convertirte en rico de un día para otro. La Kabbalah nos dice que el estado financiero de una persona está basado en su karma. La cantidad de dinero que ganas depende de las decisiones que has tomado en el pasado, tal vez en vidas anteriores. Pero, todos tenemos la capacidad de transformar nuestra vida y esto incluye a nuestra situación financiera actual. Cuando transformamos verdaderamente nuestro proceder reactivo, alteramos nuestro destino y cambiamos lo que alguna vez fue invariable. A esto se le llama libre albedrío, y cada uno de nosotros dispone de este para decidir si quiere extraer dinero del Banco Reactivo o del Banco Proactivo, en esta vida. Recuerda que cualquier dolor, molestia o desgracia, cualquier carencia que puedas tener en tu vida, es el resultado de haber realizado tus transacciones bancarias en la institución financiera equivocada. Sin embargo, cuando meditas sobre estas tres primeras letras, te relacionas con el prestamista adecuado y todo lo que Él representa. Por lo tanto, pese a que estas letras no son una estrategia para convertirte en rico en un instante, el poder que poseen te abre las puertas de la abundancia espiritual y financiera infinitas.

El simple hecho de traer a tu vida esta línea particular del Nombre de Dios de 42 Letras con el propósito de conectarte con la prosperidad, es una declaración de que deseas comenzar a realizar tus operaciones bancarias en el Banco Proactivo. Estás reconociendo su existencia; y con eso ya tienes el 90% de la batalla ganada.

EL PODER DEL ESTADO EMBRIONARIO

La tercera línea del Nombre de 42 Letras comienza y finaliza con un estruendo. Esto significa que las últimas tres letras de esta línea (***YUD***, ***CAF***, ***SHIN***) también contienen un tremendo poder: tienen la capacidad de regresar cada célula de tu cuerpo a su estado embrionario, de purificar y limpiar esas células, además de retornarlas a su condición saludable normal. Estamos hablando de la versión espiritual de la terapia con células madre.

Todas las células comienzan como célula madre. Luego toman una identidad específica y se transforman en un corazón, un hígado, un riñón o en células cerebrales. Con el paso del tiempo, las células se desgastan y su funcionamiento se vuelve menos eficiente. Pero las tres últimas palabras de esta línea tienen el poder de llevarlas a su estado original y perfecto. Cuando se utiliza a diario, esta meditación restaura y rejuvenece las células dañadas y también repara aquellas partes de tu vida que están afectadas. ¿Cómo es posible la curación a este nivel?

La respuesta está en el átomo.

Cargas positivas y negativas

Cuando las almas fueron creadas, su única función era ***recibir***. Recibir era su esencia y su propósito. Después de todo, nada hace más feliz al Creador que ver a los seres que ha creado recibiendo alegría. Es el mismo sentimiento que tú experimentas cuando te sientes feliz al ver a tus hijos o seres queridos felices. Así fue como el Creador dio existencia a seres que encarnaban puro recibir.

Pero las almas querían recibir un don adicional: tener la capacidad de compartir. ¿Por qué? El Creador comparte, y ellas querían emularlo. Para lograr este objetivo, las almas de la humanidad —como tú y yo— se resistieron a la Luz, la felicidad y las respuestas que el Creador les daba. Elegimos no recibir para poder tener la oportunidad de compartir.

En ese momento, Dios retiró Su Luz y dejó un pequeño espacio vacío al que llamamos universo. Este iba a ser el lugar, el campo de juego donde podríamos aprender a compartir, donde nosotros mismos, desde nuestra condición de seres que reciben, podríamos desarrollar el poder de impartir felicidad a otro ser.

Dios. Tú y yo. Aprender a compartir. Esto es todo lo que hay.

En la Kabbalah, estos componentes se llaman:

1. Compartir, también conocido como la Luz.
2. Recibir, denominada también la Vasija.
3. Libre Albedrío para Compartir o Recibir, también conocido como Restricción.

Juntas, estas tres fuerzas crean la base de toda la realidad. Son todo lo que existe realmente. Y la simplicidad de todo esto es bastante profunda. Examinemos esta idea con más detalle.

La Kabbalah dice que la Luz no es una entidad física, sino una forma de energía, una fuerza de conciencia. Así era también el Alma original. En el reino original no había nada físico; solo existían tres formas de energía, de conciencia: compartir, recibir y restricción.

Cuando nuestro mundo físico empezó a existir, estas tres fuerzas cobraron forma física.

En ese momento, Compartir, Recibir y la fuerza de la Restricción se convirtieron en:

1. El protón (+)
2. El electrón (-)
3. El neutrón (0)

Sólo los nombres han cambiado. Un kabbalista llama a esta fuerza positiva "Luz", mientras que un científico la denomina "protón". Pero hablan de lo mismo. Un kabbalista se refiere a la fuerza negativa de recibir como "Vasija"; el científico la denomina "electrón". ¿Entiendes la idea?

- El Creador es el poder de Compartir, la carga positiva (+).

- Las Almas de la humanidad son el poder de Recibir, la carga negativa (-).

Tal como aprendiste en la escuela, estas tres fuerzas: protón, electrón y neutrón, componen el átomo. También te enseñaron que el mundo entero está formado por átomos. Las lubinas de Alaska y las cebras africanas están formadas por átomos. Tú también. Y la cubertería que hay en tu cocina también. El único motivo por el cual una cebra tiene un aspecto distinto al de un tenedor es porque sus átomos están organizados de forma diferente. Es como los bloques de construcción Lego: con los mismos bloques puedes construir un coche o un edificio. Los átomos pueden organizarse formando cuerpos de asesinos en serie o de activistas por la paz. Todo está compuesto por átomos.

El electrón, el protón y el neutrón que constituyen un átomo son en realidad fuerzas de conciencia o energía que crean la ilusión de lo físico. Estas tres partículas subatómicas son solo formas congeladas de estas tres fuerzas originales de conciencia. Tomemos en consideración el H_2O. Puede aparecer como una neblina que no puede cogerse o puedes congelarla para que se convierta en un hielo que es físico y sólido. El electrón es simplemente la Vasija, la fuerza de la conciencia de recibir en forma congelada.

Ahora puedes ver la estrecha conexión que existe entre nuestra propia conciencia y cada átomo de nuestro cuerpo. Ambos están vinculados; de hecho, son uno solo. Esta unión de nuestros átomos y nuestra conciencia es uno de los grandes secretos de la Kabbalah, y comprenderlo es esencial para entender el poder que contienen las últimas tres letras de esta línea.

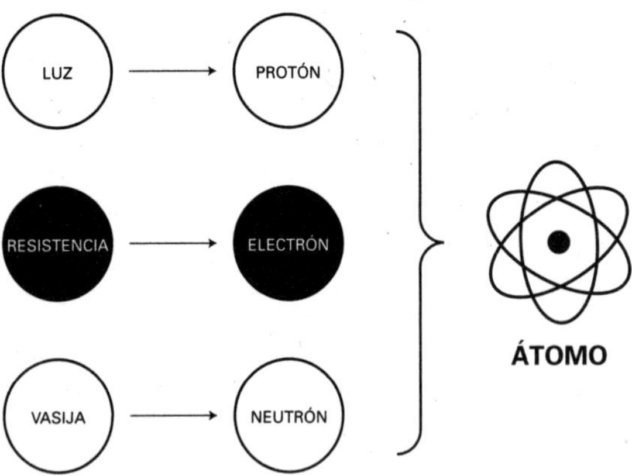

Kabbalísticamente, el mundo entero está hecho de Luz, Vasija y el acto de la Resistencia. La ciencia afirma lo mismo: los protones, electrones y neutrones crean un átomo; y todo el mundo está formado por átomos.

Compartir previene el deterioro celular

¿Sabes por qué una cebra continúa siendo una cebra, o más específicamente, por qué los átomos que la conforman no se reordenan repentinamente para formar un tenedor? ¿Sabes por qué los átomos que forman la silla donde estás sentado no se desbaratan y te hacen caer al suelo? ¿Alguna vez te has hecho estas preguntas?

La ciencia nos da la respuesta: los átomos van agarrados de la mano. Así es. Se cogen de la mano de sus átomos vecinos para enlazarse. En el momento en que dos átomos se unen, forman una molécula.

¿Acaso los átomos tienen manos? No. La forma en que se agarran de la mano es compartiendo electrones, los cuales sirven de enlace a los átomos. Recuerda que los electrones tienen carga negativa y que además reciben energía. Por lo tanto, los átomos comparten electrones con otros átomos y así es como se enlazan para formar una molécula. Esta, a su vez, se enlaza con otra para formar todo lo que existe en nuestro mundo físico.

Y he aquí el secreto: los átomos reflejan nuestra conciencia. Son un espejo de nuestro comportamiento. ¿Por qué? Debido a que nuestra conciencia y nuestros átomos son lo mismo; no hay diferencia entre ambos. Nuestro deseo de recibir es el electrón. Nuestro deseo de compartir es el protón. Y nuestro libre albedrío para resistirnos al deseo de recibir para nosotros mismos, el resistir a nuestra conducta reactiva, es el neutrón.

Cuando compartimos proactivamente, nuestros átomos permanecen unidos. ¿Por qué? Porque nosotros somos receptores por naturaleza. Cuando compartimos, estamos usando nuestra energía de recibir con el propósito de compartir. Entonces los átomos reflejarán esta conciencia y continuarán compartiendo electrones, además de enlazarse con otros átomos para formar las moléculas que crean los órganos de nuestro cuerpo. Cada vez que reaccionamos y nos comportamos según las demandas de nuestro ego, cada vez que actuamos por nuestro interés, cientos de átomos se separan entre ellos. Esto significa que algunas moléculas dejan de existir, y que nuestro cuerpo comienza a deteriorarse y envejecer.

La Kabbalah dice que el envejecimiento y la muerte ocurren a causa del comportamiento reactivo. Cada respuesta egocéntrica trae un poco de muerte a nuestras vidas, ya que los átomos rompen sus enlaces y las moléculas mueren. Cuando las células mueren, nuestro cuerpo muere. La línea tres ***(YUD, CAF, SHIN)***, devuelve nuestras células a su estado original y saludable, por lo que revierte su proceso de deterioro. Cambia la conciencia de la célula, específicamente de los átomos que la conforman. Para recibir el máximo beneficio de esta secuencia increíble, medita en ella con un corazón abierto y generoso y ejercita el mismo tipo de compartir proactivo y carente de ego en tus actividades diarias.

¿Qué define un acto de compartir sin egoísmo? Sabrás que compartes sin ego cuando esa acción sea extremadamente difícil e incómoda. Cuando das hasta que te duele (sea en forma de dinero o esfuerzo personal), tu conciencia (cada átomo de tu cuerpo) cambia y pasa a la modalidad de compartir. En otras palabras, tus átomos continúan compartiendo electrones y permanecen unidos. Y cuando lo hacen, tus tejidos y órganos permanecen fuertes y saludables.

Nunca lo olvides: cuando el cuerpo se utiliza para compartir, los electrones también se usan para compartir, lo cual a su vez renueva tu cuerpo.

¡Esta es la clave para lograr la inmortalidad y el Cielo en la Tierra!

LA CUARTA LÍNEA

LA CUARTA LÍNEA – MIÉRCOLES
BARJEM TAHAREM RAJAMEI TSIDKATEJA TAMID GAMLEM
BET, TET, RESH, TSADI, TAV, GUÍMEL

Darse por vencido es muy fácil. Tirar la toalla no cuesta nada. Pero cuando lo hacemos, no logramos nuestros sueños ni alcanzamos nuestros objetivos. Nos obligamos a conformarnos con menos. Abandonar es probablemente la cualidad humana más común. No es casualidad que aquellos que lograron grandes cosas en la historia de la humanidad señalaran que la perseverancia es la condición más importante para lograr cualquier cosa. Las letras de la cuarta línea del Nombre de Dios de 42 Letras señalan lo mismo.

¿Cómo se aplica esta idea de perseverancia al camino de la transformación humana y a nuestra búsqueda de la plenitud verdadera? La mayoría de nosotros, si no todos, abandona las cosas cuando cree que no está haciendo ningún progreso. Pensamos que no estamos avanzando. Los obstáculos oscurecen la línea de llegada, por lo que creemos que no podemos alcanzarla. Experimentamos contratiempos constantes. Sentimos una ráfaga de adrenalina al comienzo, pero en el momento en que nos tropezamos, el nivel de adrenalina decrece y pensamos que necesitamos abandonar el juego.

Pero los obstáculos, los contratiempos y la aparente falta de progreso son en verdad ilusiones destinadas a ocultar el hecho de que, en realidad, avanzamos mucho más de lo que nos damos cuenta. El Adversario no nos deja ver nuestro progreso real; nos impide comprender lo que realmente ocurre cuando aparece un contratiempo; nos oculta la realidad que hay detrás de esos tropiezos.

No comprendemos lo que realmente son esos obstáculos.

La Kabbalah lo explica.

Según la Kabbalah, nuestra realidad está conformada por diez dimensiones. Hace dos mil años, esto hubiera sonado como un delirio místico, pero hoy lo llamamos ciencia. El estudio de la física fundamental, y más específicamente del campo de la teoría de las supercuerdas, apunta a la existencia de diez dimensiones tiempo/espacio. Así es, tanto los científicos modernos como los antiguos kabbalistas concuerdan en que existen diez dimensiones.

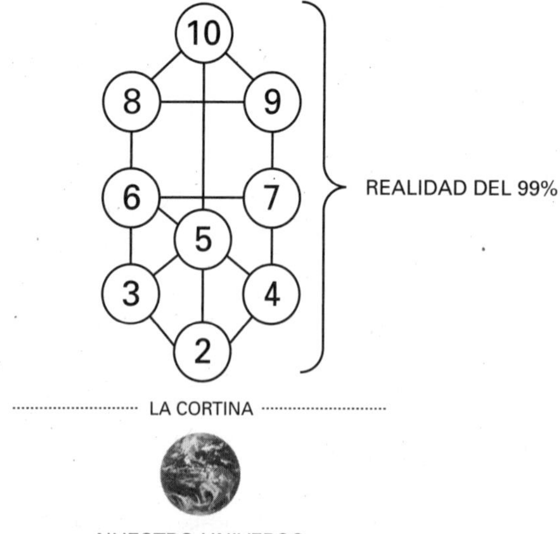

Cada una de estas dimensiones superiores es parte del Mundo de las Respuestas, que es la fuente de toda nuestra Luz. Cuanto más ascendemos hacia estos mundos espirituales, más brillante es la Luz en nuestra vida. Cada vez que transformamos nuestra naturaleza y que nos libramos del ego, ascendemos un nuevo peldaño en la escalera.

LA ESCALERA

Hace dos milenios, los kabbalistas afirmaron que cada una de estas diez dimensiones tiene a su vez diez dimensiones. De modo que existen diez niveles de diez dimensiones cada uno.

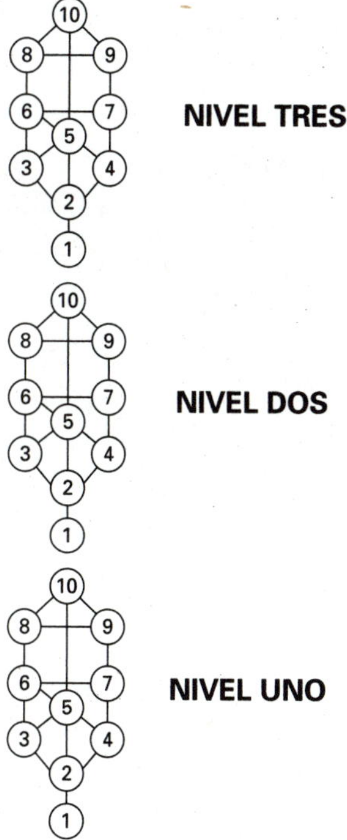

Así, cuando empiezas a subir la escalera del NIVEL UNO, te encuentras con obstáculos, impedimentos y desafíos a cada paso. Cuando finalmente alcanzas la décima dimensión del NIVEL UNO, experimentas Luz, bendiciones y felicidad. Sientes que has logrado grandes cosas; el camino de la Kabbalah te parece maravilloso, asombroso. Pero ¿sabes qué ocurre después? Que entras en la primera dimensión del NIVEL DOS. De repente, como surgidos de la nada, aparecen nuevos y molestos obstáculos. Entonces tienes que enfrentarte a un difícil desafío y comienzas a pensar que la Kabbalah ya no funciona para ti. Sientes como si te encontraras nuevamente al pie de la escalera, como si te hubieras caído.

Bueno, es cierto que otra vez estás en el primer peldaño, pero ahora estás en el inicio del NIVEL DOS (¡no del NIVEL UNO!). Te has caído hacia arriba, no hacia abajo. Has entrado en una nueva dimensión espiritual. Tus cinco sentidos lo perciben como si hubieras dado diez pasos hacia atrás, pero la verdad es que estás en un nivel más elevado que nunca. Es en ese preciso momento cuando el Adversario te asalta con sentimientos de incertidumbre, duda, pesimismo, fracaso, y con su arma más poderosa: el desánimo. ¿Qué hacen casi todos cuando llegan a esta situación? Abandonan.

No te confundas: cuanto más alto subas, más fuerte será tu Adversario. ¿Cómo luchas contra sus ilusiones? Necesitas perseverancia, fuerza de voluntad, resolución, fortaleza y todos los demás sinónimos de la palabra determinación que aparecen en el diccionario.

La línea cuatro suscita este poder en ti. Activa tu deseo de tener éxito, de no abandonar nunca y no darte por vencido. Recibes la fortaleza para seguir ascendiendo. Y lo que es aún más importante, esta línea te ayuda a entender que, en realidad, con cada paso y nuevo obstáculo que superas, asciendes más arriba. ¡Te das cuenta de que caes hacia arriba y no hacia abajo!

VENTANAS DE OPORTUNIDAD

Las tres últimas letras de la cuarta línea tienen el mismo valor numérico de la palabra "ventanas". Los kabbalistas nos dicen que esta conexión numérica revela un maravilloso secreto: la cuarta línea abre las ventanas al Mundo de las Respuestas de la misma forma en que las ventanas dejan entrar a la luz. Esta secuencia se convierte, pues, en tu claraboya, la cual permitirá que la Luz llegue a tu vida.

Estas ventanas también te proporcionan una vista superior para que puedas ver las respuestas con mayor claridad. Solo debes asegurarte de mantener limpias las ventanas. Liberarte de tu ego siempre que puedas es como tomar un trapo empapado en limpiacristales y dejar limpia la ventana. Por el contrario, cada vez que reaccionas, gritas o tratas a un ser humano con algo menos que dignidad, enturbias tu ventana con suciedad.

LA QUINTA LÍNEA

LA QUINTA LÍNEA – JUEVES
JASÍN KADOSH BEROV TUVJÁ NAHEL ADATEJA.
JET, KOF, BET, TET, NUN, AIN

Esta secuencia única del Nombre de Dios de 42 Letras se refiere a la clarividencia, la capacidad para ver más allá del rango normal de visión humana. Pero, ¿qué significa esto para ti y para mí en nuestra vida diaria? Sin duda, los antiguos kabbalistas veían el futuro. Podían ver el día, el mes, la década y hasta el milenio siguientes. Pero no eran profetas; no eran videntes ni psíquicos en el sentido que nosotros le otorgamos a estos términos. Más bien, los kabbalistas eran maestros de la ley de causa y efecto. Y nosotros podemos utilizar esta misma ley en nuestras vidas para nuestro propio provecho.

Supongamos que una persona, llamémosla Jorge, ve un huevo por primera vez en su vida. Jorge no tiene idea de dónde proviene ese huevo, y tampoco sabe qué es. Un día el huevo se rompe y un simpático pollito emerge de su cáscara. Aunque Jorge no tiene idea de dónde vino ese huevo original, ahora comprende que un pollito puede salir de un huevo. Jorge está intrigado y estudia al pollito durante muchos años. Lo observa mientras crece y se convierte en gallina. Tiempo después, la gallina pone un huevo; finalmente este se rompe y sale un nuevo pollito. Ahora Jorge comprende todo el proceso. La próxima vez que nuestro amigo Jorge vea un huevo, también verá en su mente todo el proceso: el huevo que se quiebra, el pollito que sale y crece hasta convertirse en gallina y la gallina que pone otro huevo. Jorge podrá ver en su mente todo el proceso con sólo ver un huevo. De ese singular huevo se desarrollarán una multitud de hechos. Causa y efecto.

La vida funciona de la misma manera. Al igual que el huevo, la vida consiste en una serie de acciones y reacciones subsiguientes. De la misma forma que la ciencia, la Kabbalah afirma que para cada acción existe una reacción equivalente. Para cada causa existe un efecto. Todo es parte de este proceso y nuestras vidas reflejan esta ley natural.

Los kabbalistas comprenden el proceso de causa y efecto que subyace bajo nuestra realidad cotidiana. Si siembras una semilla de manzano, podrás estar seguro de que emergerá un manzano con su tronco, ramas, frutos y nuevas semillas para nuevos manzanos. Así es como los kabbalistas ven el futuro.

NADA ES CASUAL

Cada acontecimiento de nuestro mundo tiene una semilla. Si la vida parece caótica, fortuita o desordenada, se debe únicamente a nuestra incapacidad de percibir el proceso de causa y efecto en funcionamiento. En otras palabras, vemos el árbol pero no la semilla.

Esta falta de perspectiva induce a la gente a vivir bajo la ilusión de que las cosas ocurren súbitamente. Pero no es así. No puede ser así. Nada sucede de repente. Un roble no aparece de la nada en tu jardín; antes debes plantar una semilla.

Si existe algo en este momento de tu vida de lo que quieres deshacerte, primero debes aceptar el principio de que tú —sí, tú—, en algún momento de tu pasado, sembraste la semilla que lo originó. Por muy aleatorio que pueda parecer el suceso, no hay casualidades en la Kabbalah. Solo hay orden, causa y efecto, acción y reacción.

El Adversario siempre va a preferir que culpes a otros. Aceptémoslo, es más fácil culpar a otros de nuestra desgracia. Pero, al aceptar la responsabilidad de nuestras acciones, nos aseguramos recompensas mayores de las que nos puede ofrecer culpar a los demás. ¿Sabes por qué? Porque asumir nuestra responsabilidad es la mejor semilla que podemos plantar. Cuando aceptas la responsabilidad de todo, plantas una semilla que dice: tengo el pleno control sobre mi vida y este mundo. ¿Y sabes qué ocurre después? El árbol que crece en tu vida tendrá ramas que se extenderán en cada área de tu existencia, dándote el control absoluto sobre todas las cosas. Cuando siembras una semilla de control, obtienes control. Si te quedas en el lugar de víctima, tu vida seguirá siendo caótica y azarosa.

Ahora que sabes que la vida consiste en plantar semillas, ¿cómo seguiremos plantando semillas positivas en vez de negativas?

EL ARTE DE VER

El comportamiento es lo que hace a una semilla diferente de la otra. Tu comportamiento reactivo planta semillas negativas, mientras que el comportamiento proactivo planta semillas positivas. Pero saber esto no es suficiente. ¿Por qué? Porque cuando algo caótico en este mundo dispara en ti una reacción, es casi imposible no reaccionar. El Adversario está constantemente incitando reacciones dentro de ti, por lo que plantar semillas negativas parece a veces casi inevitable.

La verdad es que nunca puedes reunir la fortaleza para detener una reacción, simplemente porque la Kabbalah te incite a no reaccionar. Esta no es motivación suficiente. La única forma de dejar de reaccionar y poner fin a tu comportamiento negativo es aprendiendo a reconocer el funcionamiento de la causa y el efecto en este mundo. Si puedes prever las repercusiones de tus acciones, encontrarás la motivación para detener tu comportamiento reactivo. Si puedes ver el futuro en el momento presente, cambiarás tu comportamiento egocéntrico aquí y ahora. Esta es la única forma.

Pero el Adversario nos ciega. Él intenta impedir que veamos los efectos futuros de nuestras acciones presentes. Nos muestra solamente la gratificación inmediata que acompaña a nuestras respuestas egocéntricas en la vida.

Meditar sobre estas letras de la quinta línea despertará en ti la clarividencia. Y lo hará de la siguiente forma: la línea cinco aumentará tu capacidad para prever las consecuencias de tus acciones. Verás las recompensas y las repercusiones provocadas por tus distintos modos de comportamiento. Podrás comprender y percibir el valor de resistirte a las reacciones y de ofrecer amabilidad. Luego comenzarás a hacerlo, no por elevados principios morales, sino porque verás la recompensa. El tiempo dejará de engañarte y confundirte. La comprensión de la causa y el efecto dirigirá tus acciones y elecciones.

En tu vida diaria, el tremendo poder que emana cuando meditas sobre esta línea podrá revelarse en formas como estas:

- Si estás manteniendo un estilo de vida saludable tras una larga batalla con la adicción, el pensamiento de retomar tu hábito después de un día complicado reaparecerá con fuerza junto con una visión de lo vacío y poco saludable que te sentirás tras haberlo hecho.

- El impulso de conducir de forma agresiva y poco amigable vendrá inmediatamente seguido por el conocimiento de que comportarte de esta manera —aunque pueda parecer estimulante por un momento— te causará dolor y sufrimiento duradero.

- Querrás ser leal y honesto en tus relaciones más cercanas, porque reconocerás instintivamente que cada elección que implica manipulación y mentira también causa dolor en el corazón y sacrificios espirituales profundos.

La quinta línea te brinda toda la información que necesitas para actuar sabiamente en cada situación. Con el tiempo, cada decisión proactiva que tomas se convierte en una nueva semilla positiva plantada. Pronto tu vida se convierte en un exuberante huerto de dulces aromas con frutas al alcance de tu mano.

Los kabbalistas dan un nombre particular a esta sabia inversión (decisión) espiritual que se lleva a cabo en el presente con el objeto de atraer abundancia en el futuro.

Ellos la llaman Codicia Iluminada.

Sobre el poder de la Codicia Iluminada, mi padre y maestro escribió:

> *"Si la estafa y el chantaje fueran el auténtico camino para recibir alegría duradera, los antiguos sabios kabbalistas habrían sido grandes maestros en el arte de la estafa y el chantaje. Le habrían dado un nuevo significado al término canalla.*

Pero lo cierto es que la deshonestidad y el egoísmo no cumplen lo prometido. No se trata de una cuestión moral, sino tecnológica. El egoísmo, simplemente, no forma parte de la tecnología de la Kabbalah ni de las leyes universales del mundo natural".

—Kabbalista Rav Berg

Los kabbalistas son una banda muy codiciosa. Su motivación es la Codicia Iluminada. En otras palabras, ellos están motivados por la recompensa que brinda la armonía. Las decisiones egoístas o basadas en el ego sólo causan un placer momentáneo, seguido siempre de dolor duradero. Se trata de una apuesta absurda, pues la recompensa es pésima. ¡Es lisa y llanamente un mal negocio! De modo que, en realidad, la bondad de los kabbalistas es la inversión a largo plazo más astuta del planeta.

¿Por qué implicarse en prácticas que solo traen más vacío, cuando puedes tener el pastel y, además, comértelo?

Reconocer el vacío

La quinta línea corresponde al quinto milenio según el calendario bíblico, un tiempo de gran oscuridad y vacío en el mundo. Si nacemos en la oscuridad y vivimos en ella toda nuestra vida, la oscuridad será todo lo que conozcamos. Nos conformamos con menos. Aceptamos la oscuridad y el dolor como una forma de vida, en vez de luchar por algo mejor. Esta quinta línea de texto nos muestra las áreas vacías de nuestra vida. Una vez que identifiques el vacío, podrás esforzarte para llenarlo con Luz.

LA SEXTA LÍNEA

LA SEXTA LÍNEA – VIERNES
YAJID GUEÉ LEAMJÁ PENÉ ZOJREI KEDUSHATEJA.
YUD, GUÍMEL, LÁMED, PEI, ZAIN, KOF

La sexta línea está directamente relacionada con el sexto milenio según el calendario bíblico. ¿Cuál es la importancia del sexto milenio? La Kabbalah nos dice que el universo ha existido durante unos 15 mil millones de años, pero que la conciencia humana, la capacidad de transformarnos y elevarnos a nosotros mismos y a este mundo, existe desde hace 5.767 años al momento en que se escribe este libro.

Según la Kabbalah, los seis días de la Creación y el séptimo día de descanso son un código para los siete milenios durante los cuales la vida humana existirá en la Tierra. Habrá seis milenios de transformación humana y el séptimo será el amanecer de la paz mundial y la inmortalidad.

Sin embargo, no tenemos que esperar todo este tiempo para iniciar la era de la paz mundial y el séptimo milenio. Como ya hemos visto, existen dos maneras en que los seres humanos podemos librarnos del ego y transformarnos a nosotros mismos:

1. Siguiendo un camino espiritual de transformación personal.
2. Sufriendo.

Los dos métodos funcionan. Las herramientas kabbalísticas que te ofrece este libro te permiten transformarte espiritualmente para que el único dolor que experimentes sea el dolor pasajero del ego. Pero el sufrimiento también puede limpiarte del ego. De nosotros depende el camino a seguir.

Lo que aquí te proponemos es activar la promesa del séptimo milenio en el ahora, para adelantar la recompensa futura y traerla al presente. ¿Cómo?

La sexta línea te ayuda a impulsar la propagación de una espiritualidad unificada y carente de juicio: la Kabbalah, y específicamente a difundir el *Zóhar* en el mundo entero, lo cual acelerará el proceso. ¿Por qué es tan importante compartir el *Zóhar* y la Kabbalah? La respuesta se encuentra en una historia muy antigua.

¡LA HISTORIA MÁS FAMOSA JAMÁS CONTADA!

PARTE UNO: EL ORIGEN DEL TIEMPO

Érase una vez un mundo de Luz, infinito y maravilloso, donde todo resplandecía y la única realidad era la felicidad sin fin.

Tú y yo nacimos y fuimos concebidos originalmente en ese mundo extraordinario. Sin embargo, cuando absorbimos la Luz de aquella encumbrada existencia, algo nos ocurrió. Nos faltó algo.

¿Qué era?

Era un sueño; el proyecto de algo más grande y mucho más profundo que el de una existencia en la que solo podíamos recibir alegría ilimitada.

Soñábamos con convertirnos en los creadores de esa plenitud inimaginable.

Nuestro propio Creador comprendió ese anhelo innato que ardía en nuestro interior y nos imbuyó de su propia naturaleza divina. Entonces, para ayudarnos a cumplir nuestro sueño, el Creador retiró una porción de Su Luz y formó un pequeño espacio de oscuridad.

Ese espacio microscópico de oscuridad era nuestro vasto universo de dolor y sufrimiento, donde tendríamos la posibilidad de encontrar y reactivar la Luz y, por lo tanto, ser la causa y la razón de nuestra felicidad eterna.

PARTE DOS: LA HISTORIA DEL MONTE SINAÍ

La vida en el mundo físico era mucho más desafiante de lo que habíamos pensado. Por eso rápidamente perdimos nuestro camino. En lugar de encontrar la Luz, colgamos cortinas a causa de nuestro comportamiento egocéntrico negativo, lo cual sólo sirvió para ocultarla aún más. Generación tras generación, las cortinas se fueron acumulando y la oscuridad continuó expandiéndose.

Nuestro sufrimiento y ceguera ocasionaron un intenso dolor a nuestro Creador, por lo que decidió intervenir. Él le entregó al mundo un cuerpo de sabiduría, una tecnología destinada a ayudarnos a encontrar nuestro camino, a encontrarnos unos con otros y, por lo tanto, a encontrar la Luz.

Esta sabiduría es la Kabbalah.

La entrega de la Kabbalah ocurrió durante el episodio conocido como la Revelación en el monte Sinaí, hace 3.400 años. Cuando Moisés subió al Sinaí, las cortinas desaparecieron súbitamente y una Luz espléndida brilló en todo el mundo. Él utilizó esta sabiduría de la Kabbalah para unir las diez dimensiones y conectar el Mundo de las Preguntas con el Mundo de las Respuestas. La oscuridad desapareció. La muerte se desvaneció. Así fue como, una vez más, volvimos a sentir la Luz que fue nuestro verdadero origen.

Esta Luz inmortal y esta sabiduría kabbalística irradiaron de las dos Tablas que Dios entregó a Moisés. Aquellas Tablas no contenían los Diez Mandamientos, sino una tecnología capaz de traer la Luz a nuestro mundo físico, a través de las diez dimensiones.

Ahora el paraíso se encontraba al alcance de nuestras manos.

Pero tras siglos de existencia negativa, las almas de la humanidad se habían acostumbrado al dolor y eran adictas a la oscuridad. El mundo estaba aferrado a la energía negativa generada por el ego y por eso rechazó la Luz.

La única forma de curar la adicción eran 1.600 años de rehabilitación. Fue un doloroso proceso de guerras, persecución y sufrimiento, pero pronto una ventana de oportunidad aparecería en el horizonte.

PARTE TRES: LA SEGUNDA REVELACIÓN

Aproximadamente hace 2.000 años, las dos Tablas que encarnaban la Luz oculta y la sabiduría de la Kabbalah reaparecieron en nuestro mundo, pero con una estructura radicalmente distinta. Las dos Tablas se volvieron a materializar en la forma de dos Templos sagrados en la antigua Jerusalén. El mundo tuvo una segunda oportunidad de conseguir el paraíso. La Luz que había desaparecido del Sinaí podía brillar una vez más si la humanidad estaba preparada para recibirla.

Un joven kabbalista llamado Josué (también conocido como Jesús), hijo de José, vio la oportunidad. Él intentó preparar a la humanidad compartiendo con ella la enseñanza esencial de la Kabbalah, que era "Ama a tu prójimo". Pero la única forma de amar al prójimo es liberándote primero del ego. Sólo este te impide amar a los demás incondicionalmente.

El kabbalista llamado Josué (Jesús) habló sobre la llegada del Reino de los Cielos, lo cual era un código. La palabra "Reino" se refería a nuestro universo físico, el Mundo de las Preguntas, mientras que el término "Cielo" aludía al Mundo espiritual de las Respuestas. El "Reino de los Cielos" era lo que sucedería si ambos mundos se unieran. Josué habló sobre compartir dichos secretos con el mundo y gritarlos desde las alturas. El propósito de este joven y valiente sabio era difundir los secretos del universo por todo el mundo.

El gran Kabbalista Akivá y sus compañeros también reconocieron la misma oportunidad. Ellos también intentaron preparar al mundo mediante la enseñanza de la Kabbalah. Pero el mundo no estaba preparado; la intolerancia y los celos consumían los corazones de las personas, hasta de los mismos estudiantes de Akivá. Los resultados fueron devastadores.

Ambos Templos fueron consumidos por las llamas, reducidos a cenizas. Jerusalén fue saqueada y todos los kabbalistas de aquella generación fueron asesinados por el sistema religioso corrupto que albergaba un gran odio contra la Kabbalah.

Rav Josué (Jesús) fue crucificado. Rav Akivá fue despellejado vivo. Al Kabbalista Rav Ismael se le arrancó la cara. El Kabbalista Gamaliel fue decapitado. Sin embargo, los kabbalistas posteriores nos dijeron que estas atrocidades no fueron culpa de los romanos, sino de aquellos que todavía no estaban dispuestos a liberarse de su ego y romper su adicción con el mundo físico. Según los antiguos sabios, las muertes de estos grandes kabbalistas ayudaron a limpiar y purificar la oscuridad causada por la intolerancia entre los seres humanos.

Con los Templos en ruinas y aquellos Kabbalistas asesinados, la sabiduría de la Kabbalah y la Luz que ofrecía estuvieron en peligro de perderse para siempre. Por lo tanto, el Creador intervino nuevamente.

Y ocurrió una segunda Revelación.

La maravillosa Luz y la sabiduría de la Kabbalah fueron reveladas al gran Kabbalista Rav Shimón bar Yojái, que era el alma reencarnada de Moisés.

Rav Shimón transformó esta Luz en una compilación de libros sagrados, conocida como el Zóhar*. No te engañes, estos no eran libros comunes, como tampoco las Tablas del Sinaí eran dos trozos comunes de piedra, ni los Templos simplemente dos lugares sagrados de adoración. Toda la Luz que había estado perdida se infundió en cada letra de este libro mágico, el* Zóhar*, convirtiéndolo en una reserva dinámica y activa de energía divina, una fuerza poderosa que encarnaba la promesa de la perfección del mundo infinito.*

Sin embargo, como el odio en el corazón del ser

humano había causado la destrucción de ambos Templos y el asesinato de los Kabbalistas, el Zóhar *debió mantenerse oculto al mundo durante más tiempo. Así, estos poderosos manuscritos llenos de energía y Luz fueron sepultados bajo la ciudad de Jerusalén, dentro del Arca de la Alianza, durante 1.200 años más.*

PARTE CUATRO: LA REVELACIÓN FINAL

La llegada de los siglos XII y XIII supuso nuestra última oportunidad de crear el cielo en la Tierra. Los caballeros Templarios fueron a Jerusalén y comenzaron a excavar en busca de la sabiduría perdida de la Kabbalah.

Tras años de excavación, lograron desenterrar los antiguos manuscritos kabbalísticos. Los Templarios no pudieron descifrar el extraño texto en arameo, por lo que lo llevaron a Toledo, ciudad de España, donde la Kabbalah estaba floreciendo. Los manuscritos llegaron a manos del gran Kabbalista Moisés de León, quien decidió publicarlos. Así fue como los maravillosos libros del Zóhar *fueron revelados de nuevo.*

La aparición repentina del Zóhar *causó gran revuelo. Los rumores sobre un descubrimiento misterioso y asombroso se esparcieron como reguero de pólvora, y se difundieron todo tipo de especulaciones sobre el hallazgo de los Templarios. La gente hablaba de ello* en las calles; historias extravagantes circularon desde España hasta Francia. Todo el mundo sabía que esta Orden había descubierto un antiguo y poderoso artefacto, pero sólo los kabbalistas sabían que era el Zóhar.

Cuando Moisés De León intentó difundir el Zóhar públicamente, provocó un alboroto en el sistema religioso. Se le acusó de fraude y falsificación; se le llamó charlatán, vendedor de timos y estafador despreciable. Sin embargo, la aparición del Zóhar transformó el mundo de forma repentina, terminando abruptamente con los 1.200 años conocidos como la Edad Oscura.

PARTE CINCO: EL RENACIMIENTO

Como el misterioso monolito del libro, "2001: Odisea del Espacio", el Zóhar elevó y transformó la conciencia humana con su mera presencia y, a su vez, guió el desarrollo de la civilización humana.

La historia lo prueba. Como libro poderoso de enseñanzas secretas, la sabiduría de la Kabbalah moldeó profundamente el pensamiento de los grandes pensadores de la historia: Pitágoras, Platón, Jesús y Mahoma. Como libro sobre la vida, era el relato supremo del alma humana en su interminable lucha entre el bien y el mal, entre la luz y la oscuridad. El Zóhar relataba el mayor de todos los esfuerzos humanos: el de poner fin a la máxima oscuridad... ¡la muerte!

Las palabras y enseñanzas del Zóhar *influyeron en los grandes poetas, filósofos, inventores y escritores desde la época medieval hasta el Renacimiento. Dante, Shakespeare y da Vinci, todos tomaron su inspiración de la Kabbalah. El padre de la medicina moderna, Hipócrates, dijo que la Kabbalah era la fuente de toda la sabiduría científica y espiritual. Isaac Newton y los grandes físicos del Renacimiento estudiaron el* Zóhar, *lo cual activó la revolución científica. De hecho, el descubrimiento de Newton sobre el espectro de color se encuentra dentro del* Zóhar.

Como tecnología, el Zóhar *prometía conectar el alma con el ilimitado Mundo de las Respuestas.*

El Zóhar *era el poder del Sinaí, de la Relevación de la Luz, ¡nada menos!*

De todas formas, las fuerzas negativas motivadas por el Adversario regresaron en cada generación e intentaron mantener este poder alejado de la gente. Se continuó persiguiendo y atormentando a los kabbalistas. El fuego de la destrucción humana seguiría ardiendo siempre que el Zóhar *no terminara en manos del pueblo. Esto era una gran noticia para aquellos que sacaban provecho de tales desgracias, por lo que no se detuvieron ante nada a la hora de impedir la divulgación del* Zóhar.

Durante los siglos XVIII y XIX, algunos estudiosos y

"el sistema" desprestigiaron a los kabbalistas y difamaron el Zóhar. Se le calificó de veneno peligroso, además de libro de mentiras y brujerías. Los kabbalistas que lo enseñaban fueron excomulgados y forzados a volver a su tierra de origen.

Pero todo cambió a comienzos del siglo XX.

PARTE SEIS: EL PODER DEL PUEBLO

A pesar de la avalancha de protestas y violencia física, el prolífico Kabbalista Rav Yehudá Áshlag abrió el Zóhar al mundo en 1922, fundando el Centro de la Kabbalah en Jerusalén.

En respuesta, el sistema religioso afirmó que el Zóhar sagrado solo debía ser estudiado por los justos, piadosos y santos. Este fue un argumento engañoso e inmoral. A fin de cuentas, si alguien estaba sufriendo, sediento de Luz del Creador o desesperado por un milagro, ¿tenía que ser piadoso y santo para poder servirse de esta gran Luz? El Kabbalista Rav Áshlag no pensaba así.

En un breve período de 75 años, el Centro de Kabbalah se expandió por todo el planeta. El Zóhar se tradujo al inglés íntegramente por primera vez en la historia y se difundió entre aquellos que lo deseaban: judíos, cristianos y musulmanes, entre todos los pueblos del mundo por igual.

Increíblemente, en esos 75 años se divulgaron por el mundo más ejemplares del Zóhar *que en toda la historia de la humanidad. Fue un hecho sin precedentes.*

Relatos milagrosos sobre la Luz del Zóhar *y su capacidad para desvanecer la oscuridad aparecían a diario. Todo esto no fue sorprendente; tal como dijo Rav Áshlag y todos los grandes sabios sabían, cada* Zóhar *en manos de un individuo restaura literalmente una porción de Luz que se había perdido desde el pensamiento de la Creación. Y la esencia de esta Luz no era nada menos que milagros y maravillas. La esencia de esta Luz significaba el fin de la muerte y la llegada de la inmortalidad.*

Así, el objetivo primordial era profundamente simple: difundir el Zóhar *hasta que brillara una cantidad suficiente de Luz que erradicara para siempre de la existencia humana el dolor, el sufrimiento y la muerte. De esta manera, el sueño original que tanto tiempo atrás había ardido en las profundidades del alma humana estaba a punto de cumplirse.*

Todo lo que se necesitaba era una masa crítica.
Ahora depende de nosotros, de nuestra generación, escribir el capítulo final de esta historia, la más antigua y grandiosa que el mundo haya conocido.

Cada vez que meditamos sobre la sexta línea del Nombre de Dios de 42 Letras, escribimos este capítulo final y nos acercamos al logro de una masa crítica real. Además, esta línea nos alienta a convertirnos en maestros, a enseñar. Cuando uso la palabra "enseñar" no me refiero a que debamos predicar. Predicar no es enseñar. Enseñar significa ser la encarnación de los principios que quieres impartir. Significa que eres un ejemplo viviente, un caso brillante que demuestra las técnicas que pueden transformar positivamente al ser humano y a nuestro mundo.

Cuando los demás sientan tu Luz y energía, y sean testigos de los cambios que experimentas dentro de ti, querrán saber cómo lo has hecho; querrán conocer la fuente de tu poder. Y ese será el momento en el que podrás compartir el *Zóhar*, la gran Luz que se perdió en el Sinaí y la respuesta a nuestra búsqueda de la verdad. La sexta línea te inculca el deseo y la capacidad de compartir con los demás el don del *Zóhar*, facilitando así la formación del Cielo en la Tierra.

LA SÉPTIMA LÍNEA

LA SÉPTIMA LÍNEA – SÁBADO
SHAAVATENU KABEL USHMÁ TSAAKATENU
YODEA TAALUMOT
SHIN, KOF, VAV, TSADI, YUD, TAV

Mientras que la sexta línea nos acerca a la formación del Cielo en la Tierra, la séptima línea se refiere directamente al mundo perfecto, al séptimo milenio. Esto es importante porque en este milenio el Adversario habrá dejado de existir hace tiempo. Habrá sido derrotado y la humanidad habrá logrado un estado de perfección. El egocentrismo y la intolerancia se habrán erradicado del paisaje de la civilización. Un mundo perfecto, repleto de abundancia y prosperidad, será la nueva realidad. El miedo, la ansiedad, la envidia, los celos, la preocupación, la duda, el dolor y el sufrimiento habrán desaparecido de la faz de la Tierra. Hasta la muerte encontrará su fin. El poder de tu verdadera alma se habrá liberado. Nuestro status quo se habrá convertido en un estado de satisfacción y serenidad que actualmente no podemos comprender.

El Nombre de Dios de 42 Letras te otorga el poder de traer el séptimo milenio a tu vida ahora.

CONTROL

La séptima línea nos da el poder de controlar todos los aspectos de la realidad física, entre ellos nuestro propio cuerpo material. Durante milenios, el Adversario ha controlado este mundo, nuestros pensamientos y nuestro entorno. A lo largo de los últimos 5.767 años, la humanidad ha luchado para ganar esta batalla y arrebatarle el control al Adversario. Ha sido difícil, tal como testifica de forma elocuente el sangriento paisaje de la historia de la humanidad.

A través del poder de la séptima línea, finalmente puedes derrotar a tu Adversario, además de atraer el poder infinito y la perfección del futuro a tu situación actual.

El único prerrequisito para lograr la perfección total en este momento es tu disposición para soltar tu ego y aceptar verdaderamente en tu vida a todas las personas, amigos y enemigos, con amor incondicional.

Por supuesto, el Adversario utilizará todos los trucos habidos y por haber para impedir que lo hagas. Afortunadamente, todas las secuencias previas del Nombre de Dios de 42 Letras te dan el poder para derrotarlo cada vez que intente aprisionarte dentro del caos y el dolor del Mundo de las Preguntas.

Esta simple Meditación del Kabbalista no es sólo la respuesta a todas tus plegarias; sino también es la oración para obtener todas tus respuestas.

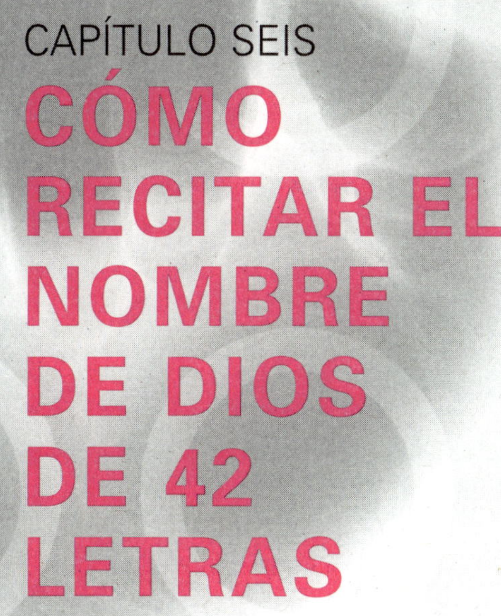

CAPÍTULO SEIS

CÓMO RECITAR EL NOMBRE DE DIOS DE 42 LETRAS

EL RECITADO BÁSICO

אבג יתץ — Domingo, Jésed חסד, יום ראשון ❶

צְרוּרָה:	תַּתִּיר	יְמִינְךָ.	גְּדוּלַּת	בְּכֹחַ.	אָנָּא
tserurá	tatir	yemineja	guedulat	bejóaj	aná

קרע שטן — Lunes, Guevurá גבורה, יום שני ❷

נוֹרָא:	טַהֲרֵנוּ	שַׂגְּבֵנוּ.	עַמְּךָ	רִנַּת.	קַבֵּל
norá	tahareinu	sagvenu	ameja	rinat	kabel

נגד יכש — Martes, Tiféret תפארת, יום שלישי ❸

שָׁמְרֵם:	כְּבָבַת	יִחוּדְךָ.	דּוֹרְשֵׁי	גִּבּוֹר.	נָא
shamrem	quevavat	yijudeja	dorshei	guibor	na

בטר צתג — Miércoles, Nétsaj נצח, יום רביעי ❹

גָּמְלֵם:	תָּמִיד	צִדְקָתְךָ.	רַחֲמֵי	טַהֲרֵם.	בָּרְכֵם
gamlem	tamid	tsidkateja	rajamei	taharem	barjem

חקב טנע — Jueves, Hod הוד, יום חמישי ❺

עֲדָתֶךָ:	נַהֵל	טוּבְךָ.	בְּרוֹב	קָדוֹשׁ.	חֲסִין
adateja	nahel	tuvjá	berov	kadosh	jasín

יגל פזק — Viernes, Yesod יסוד, יום שישי ❻

קְדוּשָּׁתֶךָ:	זוֹכְרֵי	פְּנֵה.	לְעַמְּךָ	גֵּאֶה.	יָחִיד
kedushateja	zojrei	pené	leamjá	gueé	yajid

שקו צית — Sábado, Maljut מלכות, שבת ❼

תַּעֲלוּמוֹת:	יוֹדֵעַ	צַעֲקָתֵנוּ.	וּשְׁמַע	קַבֵּל.	שַׁוְעָתֵנוּ
taalumot	yodea	tsaakatenu	ushmá	kabel	shaavatenu

וָעֶד:	לְעוֹלָם	מַלְכוּתוֹ,	כְּבוֹד	שֵׁם	בָּרוּךְ	(בלחש)
vaed	leolam	maljutó	quevod	shem	baruj	(silenciosamente)

← Dirección del escaneo

Cuando recitamos el Nombre de Dios de 42 Letras, agrupamos las palabras en tres pares, de la siguiente manera: primero recitamos dos palabras seguidas, luego hacemos una pausa, recitamos dos palabras más, hacemos otra pausa, y finalmente pronunciamos las últimas dos palabras.

La razón por la cual recitamos las palabras de a dos se debe a que una fuerza angélica eleva nuestras plegarias al Mundo de las Repuestas. Específicamente, un ángel tiene tres pares de alas, y tres veces dos es igual a seis. El número seis tiene un significado codificado: existen seis dimensiones con las que necesitamos conectarnos si queremos contactar con el Mundo de las Respuestas. Una fuerza angélica es como un ascensor que nos eleva hacia estas seis dimensiones. Cuando recitamos cada línea agrupando las palabras en tres pares, nos conectamos con los tres pares de alas o las seis dimensiones que nos ponen en contacto con el Mundo de las Respuestas.

La idea de un par, como las dos alas de un ángel, también es importante por otra razón. Existen dos sistemas paralelos de energía que controlan cada día de nuestra semana, tanto física como espiritualmente. Estos dos sistemas de energía coexisten, pero solo puede operar uno de los dos al mismo tiempo. Estos son:

1. EL SISTEMA DE ENERGÍA NEGATIVA (-) EL ADVERSARIO

2. EL SISTEMA DE ENERGÍA POSITIVA (+) LA LUZ

Por defecto, el sistema de energía negativa del Adversario tiene el control total sobre el mundo y tu vida. Esto significa que, desde el momento en que te levantas por la mañana, estás bajo su influencia directa. He aquí la razón por la que muchas veces te encuentras con un bajo nivel de energía o te sientes cansado, irritable, ansioso, aletargado, agitado, estresado o fuera de control. Pero el Adversario es astuto; te da breves ráfagas de energía para que creas que no estás bajo su influencia.

ÁNGELES DEL DÍA

La única forma de elevarte por encima del Sistema de Energía Negativa es conectarte con el Sistema de Energía Positiva de la Luz. Puedes hacerlo utilizando una serie de contraseñas especiales. La Kabbalah llama a estas contraseñas: ***Los ángeles del día***

Estos ángeles o paquetes de energía están representados por secuencias de letras que te conectan con el Sistema de Energía Positiva, para que puedas descargar energía positiva y bendiciones en tu vida. ¿Cómo activas cada contraseña?

Es muy simple, solo debes meditar durante algunos segundos sobre la secuencia correspondiente al día de la semana en que te encuentres. Eso es todo. El contacto visual (sin verbalización) es la forma en que se activan las secuencias y te conectas con esta reserva infinita de energía positiva. Más abajo encontrarás las secuencias para cada día de la semana.

Cuando estés meditando en el Nombre de Dios de 42 Letras, línea por línea, simplemente acude a la página que contiene el Ángel del Día correspondiente al día y la línea sobre la cual estás rezando y meditando.

Supongamos que hoy es martes. Recitas la línea uno (domingo), la línea dos (lunes) y la línea tres (martes). Tras recitar esta tercera línea, busca al ángel correspondiente al martes y establece una conexión visual. Después regresa al Nombre de 42 Letras y continúa tu oración, recitando las líneas cuatro, cinco, seis y siete.

Eso es todo. Muy simple, ¡pero muy poderoso!

ÁNGELES DEL DÍA

יוֹם אֶ יֱהֹוִה

DOMINGO

יֻוַדַ הַיֵ וֵאֵוֵ הֵיֵ יֵוֵדֵ הַיַ וַיַוַ הַיֵ

אל שדי יאולדקההייויאוודההיי

אנא בכוח גדולת ימינך תתיר צרורה

אְבָגֶיתֶץ יְהֱוֶה יֶהֶוֶה

סֶמֶטֶוֹרֶיֶהֶ גֶזֶרֶיֶאֶלֶ וֶעֶנֶאֶלֶ לֶמֶוֶאֶלֶ

ר"ת סגול

← Dirección del escaneo

ÁNGELES DEL DÍA

יום בְּ

LUNES

יֻוֹדֻ הֵיֵ וֵאֵוֵ הֵיֵ יְוְדְ הְיְ וְאְוְ הְיְ יוֹד הֹאֹ וֹאוֹ הֹאֹ

אל יהוה יאולדפההאאויאוודההאא

קבל רנת עמך שגבנו טהרנו נורא

קַרְעֶשְׂטָן יֱהֱוָה יְהְוְהְ

שְׂמְעְיְאֵל בְּרְכְיְאֵל אְהְנְיְאֵל

ר״ת שוא

← Dirección del escaneo

ÁNGELES DEL DÍA

יום ג׳

MARTES

יוד הא ואו הא יוד הה וו הה

אל אדני יאולדקהההויוודהההה

נא גבור דורשי יחודך כבבת שמרם

נגדיכש יהוה יהוה

חניאל להדיאל מחניאל

ר״ת חכלם

← Dirección del escaneo

ÁNGELES DEL DÍA

יום ד׳

MIÉRCOLES

יוד הא ואו הא יוד הֵהֵ וָוָ הֵהֵ

אל אדני יאולדקההההויוודהההה

ברכם טהרם רוזמי צדקתך תמיד גמלם

בַטְרֶצְתְג יְהֱוְהְ יהוה

וזקיאל רהטיאל קדשיאל

ר״ת וזרק

Dirección del escaneo

ÁNGELES DEL DÍA

יוֹם הֵ

JUEVES

יֻוֻדֻ הֵיֵ וֵאֵוֵ הֵיֵ יְוְדְ הְיְ וְאְוְ הְיְ יוֹד הֹא וֹאוֹ הֹא

אל יהוה יאולדפההאאויאוודההאא

וזסין קדיש ברוב טובך נהל עדתך

וַזַקֶבְטַנַע יֶהֹוַה יֵהֵוֵה

שֵׁמֵוֵעֵאֵל רֵעֵמֵיֵאֵל קֵנֵיֵאֵל

ר"ת שרק

(הקבוץ מלאכיו בר"ת שורק)

Dirección del escaneo

ÁNGELES DEL DÍA

יום וו

VIERNES

יַוַד הַי וַיַו הַי יֵוֵד הֵי וֵאֵו הֵי

אל שדי יאולדפההייויאוודההיי

יוזיד גאה לעמך פנה זוכרי קדושתך

יָגְלֶפְזָק יְהֱוָה יוהווהו

שובמושויואולו רופואולו קודושויואולו

ר"ת שרק

Dirección del escaneo ←

ÁNGELES DEL DÍA

לֵיל שַׁבָּת

VIERNES
NOCHE DEL SHABAT

יֵוֵדֵ הֵיֵ וֵאֵוֵ הֵיֵ

שועתנו קבל ושמע צעקתנו יודע תעלומות

שַׁקְוָצִית יֲהֳוָה יֱהֱוֱהֱ יֵהֵוֵהֵ

שְׁמְעְיְאְלְ בְּרְכְיְאְלְ אְהְנְיְאְלְ

ר"ת שוא

סֶמֶטֶוֹרֶיֶהֶ גֶּזֶרֶיֶאֶלֶ וֶעֶנֶאֶלֶ לֶמֶוֶאֶלֶ

ר"ת סגול

צֵוֹרֵיֵאֵלֵ רֵזֵיֵאֵלֵ יֵוֹפֵיֵאֵלֵ

ר"ת צירי

El Shabat tiene una energía adicional, por eso tenemos tres conexiones separadas con los ángeles.

← Dirección del escaneo

ÁNGELES DEL DÍA

יום שבת

SÁBADO
MAÑANA DEL SHABAT

יָוָדָ הָיָ וָיָוָ הָיָ יַוַדַ הַיַ וַיַוַ הַיַ

שועתנו קבל ושמע צעקתנו יודע תעלומות

שַׁקְוֶצִית יַהֱוִהָ יֳהֳוֳהֳ יָהָוָהָ

שְׁמְעְיְאְלְ בְּרְכְיְאְלְ אְהְנְיְאְלְ

ר"ת שוא

קָדָמָיָאָלָ מָלָכָיָאָלָ צָוָרָיָאָלָ

ר"ת קמץ

Dirección del escaneo

ÁNGELES DEL DÍA

מנוחת שבת

SÁBADO
TARDE DEL SHABAT

יוֹד הֹא וֹאֹו הֹא יַוַדַ הַאַ וַאַוַ הַאַ

שועתנו קבל ושמע צעקתנו יודע תעלומות

שַׁקֻוֹצִיָּת יֶהֱוִֹה יְהְוְהֵ יַהַוַהַ

שְׁמְעְיְאְלְ בְּרְכְיְאְלְ אְהְנְיְאְלְ

ר"ת שוא

פַּדַאַלַ תַלַמַיַאַלַ (תַוּמַיַאַלַ) וַסַדַיַאַלַ

ר"ת פתוז

← Dirección del escaneo

LETRAS DEL MES

De la misma forma que hay Ángeles (influencias energéticas) que nos afectan a diario, también hay influencias mensuales que impactan en nuestra vida. A continuación encontrarás secuencias de Dos Letras que te permitirán tener el control sobre cada mes. También hay una línea particular del Nombre de 42 Letras que corresponde a cada mes, tal como se muestra en la siguiente tabla:

Escorpio	Aries	Piscis	Sagitario	Acuario	Capricornio
Mar-Jeshván	Nisán	Adar	Kislev	Shevat	Tevet
דג	דה	קג	סג	צב	עב
TERCERA LÍNEA		SEGUNDA LÍNEA		PRIMERA LÍNEA	

Cáncer	Virgo	Géminis	Libra	Tauro	Leo
Tamuz	Elul	Siván	Tishrei	Iyar	Av
וזת	רי	רז	פל	פו	כט
SÉPTIMA LÍNEA	SEXTA LÍNEA		QUINTA LÍNEA		CUARTA LÍNEA

← Dirección del escaneo

LA CORRECCIÓN DEL ALMA

Cuando llegas a la línea del Nombre de 42 Letras que corresponde al mes en que te encuentras, es cuando debes usar una tecnología muy antigua llamada *Tikún Hanéfesh* o Corrección del Alma. Se trata de una gran meditación curativa que elimina los bloqueos de tu alma que se han acumulado con el tiempo. Cada vez que permites que tu ego te controle, los centros energéticos de tu alma, muy similares a los Chakras, se congestionan con energía negativa causando enfermedad y pérdida de vitalidad en los órganos de tu cuerpo. Al utilizar la tecnología de la Corrección del Alma, eliminamos estos bloqueos y de este modo curamos las enfermedades que estos han causado en nuestro cuerpo. Como ves, es una herramienta de curación muy poderosa.

Instrucciones para usar esta tecnología:

1. Medita sobre las Dos Letras del mes (ver tabla). Visualízalas suspendidas sobre tu cabeza.

2. Desliza tu mano derecha sobre los órganos a cierta distancia de tu cuerpo mientras recorres con la vista las secuencias correspondientes que se muestran en la siguiente ilustración.

3. Recuerda que cuando visualices la Luz, debes verla como un haz brillante que elimina toda tu energía y tus rasgos negativos, al mismo tiempo que emana amor y bondad a los que te rodean. Enfocar tus pensamientos en cómo la Luz puede ayudar a otros atraerá el máximo beneficio al mundo. Esta es la paradoja fundamental: cuanto más pensamos en los demás, más piensa la Luz en nosotros.

TIKÚN HANÉFESH

CEREBRO IZQUIERDO מוח שמאל BINÁ בינה יהוה 3	CEREBRO גלגתא KÉTER כתר יהוה 1	CEREBRO DERECHO מוח ימין JOJMÁ חכמה יהוה 2
OJO IZQUIERDO עין שמאל 5 יהוה יהוה יהוה יהוה יהוה	NARIZ חוטם י ה וא ה י ה וא ה 9 8	OJO DERECHO עין ימין 4 יהוה יהוה יהוה יהוה יהוה
OÍDO IZQUIERDO אזן שמאל 7 יוד הי ואו הה		OÍDO DERECHO אזן ימין 6 יוד הי ואו הה
BOCA פה 10 יוד הי ואו הי (אהיה) אחה"ע גיכ"ק דטלנ"ת זסשר"ץ בומ"ף		
BRAZO IZQUIERDO זרוע שמאל GUEVURÁ גבורה יהוה 12	CUERPO גוף TIFÉRET תפארת יהוה 13	BRAZO DERECHO זרוע ימין JÉSED חסד יהוה 11
PIERNA IZQUIERDA ירך שמאל HOD הוד יהוה 15	ÓRGANOS REPRODUCTORES YESOD יסוד יו הו וו הו 16	PIERNA DERECHA ירך ימין NÉTSAJ נצח יהוה 14
	PIES MALJUT עטרה מלכות יהוה 17	

Parte trasera del cuello / base de la cabeza: Despertaré células madre que fluirán a cada parte de mi cuerpo para regenerar todos mis órganos y partes corporales.

Cerebro derecho: Despertaré la voluntad de compartir incondicionalmente con los demás, y activaré pensamientos de compartir sin intereses personales ocultos.

Cerebro izquierdo: Rezaré por el poder de utilizar mis deseos con el propósito de compartir con los demás, en lugar de mirar sólo por mi interés propio.

Cerebro central: Activaré la fortaleza para resistir todos los pensamientos egoístas y reacciones egocéntricas, y para ser considerado y proactivo en todo momento.

Ojo derecho: Quiero ver sólo lo bueno de los demás.

Ojo izquierdo: No me dejes ver las fallas de los demás; permíteme ver y reconocer sólo mis propias fallas.

Oído derecho: Quiero oír y escuchar a los demás, además de aceptar sus críticas. Quiero escuchar solamente cosas buenas sobre los demás y estar totalmente abierto a opiniones contrarias y a otras ideas, sin importar si estoy o no de acuerdo con ellas. Oiré los mensajes de la Luz y escucharé con atención el deseo de mi alma.

Oído izquierdo: Quiero volverme sordo a la voz de mi ego y escuchar únicamente los susurros de mi alma.

Ventana derecha de la nariz: Despierta en mí la misericordia. No me dejes juzgar a los demás. Daré a todos el beneficio de la duda. Activa fragancias dulces.

Ventana izquierda de la nariz: Une las fragancias con el humo que sale de mi orificio nasal izquierdo, creando así un incienso poderoso que elimine de mi cuerpo las fuerzas de la muerte.

Nota importante: cuando llegues a los orificios nasales, haz uno por vez. Asegúrate de colocar tu mano derecha sobre el orificio derecho algunos segundos más que sobre tu orificio izquierdo. Lo que estás haciendo es despertar las fuerzas de la misericordia, que corresponden a la fragancia, a través del orificio derecho. Cuando lo haces en el orificio izquierdo, estás despertando las fuerzas del humo. Si unes fragancia con humo, se convierte en incienso.

El Zóhar *dice que este incienso espiritual realmente elimina de tu cuerpo las fuerzas de la muerte. Visualiza cómo las fuerzas de la fragancia se mezclan con el humo cuando desplazas la mano sobre tus orificios nasales, derecho e izquierdo. Ahora toma este incienso y visualízalo como rayos de Luz que eliminan la muerte de tu cuerpo mientras continúas con la meditación de la Corrección del Alma.*

Boca: Elimina la muerte de todo el mundo físico. Sólo hablaré bien de los demás. No seré chismoso ni hablaré mal de mis amigos y enemigos. Las palabras que diga se originarán siempre en mi alma y no en mi ego.

Brazo derecho: Todas mis acciones físicas deberían tener en cuenta el bienestar de los demás, no solo el de mi ego. Despierta mi deseo de compartir incondicionalmente.

Brazo izquierdo: Apaga mis deseos egoístas y permíteme usar mis talentos y ambiciones para servir al bien de los demás.

Corazón: Suaviza mi corazón. Ábrelo. Quiero sentir el dolor de los demás para poder ayudarles a aliviar su dolor.

Hígado y otros órganos internos: Elimina la influencia de mi ego. Fortalece mi alma. Elimina todos los bloqueos negativos de mis arterias. Nutre a todas las naciones del mundo con Luz.

Pierna derecha: Deseo caminar por el sendero de la Luz. Cada paso que doy debe tomar en consideración el bienestar de los demás. Cada paso que doy debe acercarme un poco más a la Luz.

Pierna izquierda: Apaga mi ego para que nunca pueda alejarme de la Luz y entrar en la oscuridad.

Órganos reproductores: Controla todos mis deseos sexuales egoístas para que pueda pensar en mi pareja antes que en mí mismo. Une el Mundo de las Preguntas con el Mundo de las Respuestas para que la Luz fluya por todo el mundo.

Pies: Elimina la muerte de una vez para siempre del mundo físico. Quiero caminar por el sendero de la transformación espiritual para recibir respuestas a todas mis preguntas y todas las respuestas a mis plegarias.

EL GRAN SECRETO PARA ACTIVAR EL NOMBRE DE 42 LETRAS

El poder del Nombre de Dios de 42 Letras te ha sido revelado. Su potencial es tremendo, porque contiene en su interior todo el poder de la Creación. Utiliza este libro a diario como una herramienta, como una referencia para aprender y practicar esta oración transformadora. Para tu conveniencia, a continuación encontrarás una lista con todos los pasos para utilizar el Nombre de Dios de 42 Letras:

- Recita cada línea del Nombre de 42 Letras hasta la línea del día de la semana en que te encuentres.
- Busca el Ángel correspondiente a ese día de la semana y establece una conexión visual.
- Regresa al Nombre de 42 Letras y continúa recitando las líneas.
- Cuando llegues a la línea que corresponde al mes en que te encuentras, imagina las letras del mes con luz blanca sobre tu cabeza.
- Después de imaginar las letras del mes, realiza la meditación del *Tikún Hanéfesh* o Corrección del Alma.
- Finaliza el recitado del Nombre de Dios de 42 Letras.

La comprensión del poder que existe detrás de estas letras del Nombre de Dios aumentará a medida que practiques regularmente la meditación. Cada vez que uses el Nombre, recuerda que su máximo poder solo se activa cuando cumples estos dos requisitos:

1. Enfócate sólo en eliminar de raíz tus rasgos negativos en vez de rezar por ti mismo. Estas características negativas bloquean la Luz que ya está allí. Cuando se elimina un rasgo, la Luz aparece de repente en tu vida. Recuerda que la Luz significa obtener lo que necesitas para lograr la verdadera plenitud, no necesariamente lo que tú quieres. Muchas veces lo que queremos sólo nos llena de un placer momentáneo y después nos deja vacíos. Sin embargo, obtener lo que necesitamos es el modo de lograr la plenitud duradera.

2. Reza por resultados positivos sólo para otros. Comparte tu Luz con los demás meditando por quienes necesitan ayuda o bendiciones. Pueden necesitar ayuda financiera, recuperación física o curación emocional. Envíales la energía con una profunda convicción.

Así es como funciona la Meditación del Kabbalista. Nos concentramos en nuestros rasgos negativos y enviamos bondad y curación a todos los demás. Si logras dominar esto, dominarás el poder del Nombre de Dios de 42 Letras y transformarás tu vida.

Te deseo que vivas en el Mundo de las Respuestas y que todas tus oraciones sean respondidas, ahora y siempre.

MÁS LIBROS DEL AUTOR DE ÉXITO NACIONAL YEHUDÁ BERG

El Poder de la Kabbalah

Imagina tu vida llena de felicidad, propósito y alegría infinitos. Imagina tus días infundidos de puro conocimiento y energía. Este es *El poder de la Kabbalah*. Es el camino que te transporta del placer efímero, con el que la mayoría de nosotros nos conformamos, a la plenitud duradera que te mereces. Tus deseos más profundos están esperando ser cumplidos. Descubre cómo hacerlo en esta introducción básica a la antigua sabiduría de la Kabbalah.

Los 72 Nombres de Dios: Tecnología para el alma™

Los 72 Nombres de Dios no son "nombres" en el sentido común de la palabra, sino una tecnología puntera que llega con profundidad al alma humana y es la clave para librarse de la depresión, el estrés, el estancamiento, la ira y muchos otros problemas emocionales. Los Nombres representan una conexión con la corriente espiritual que fluye a través del universo. Cuando unes estas fuentes de poder de la forma adecuada, adquieres el control sobre tu vida y la transformas para mejor.

Inteligencia angelical

Descubre cómo billones de ángeles existen y dan forma a este mundo, y cómo, a través de tus pensamientos y acciones, tienes el poder de crearlos, ya sean positivos o negativos. Aprenderás sus nombres y características, así como sus roles únicos y cómo llamarlos para distintos propósitos y utilizarlos como poderosas herramientas de transformación. Al hacerte consciente de la dinámica y el funcionamiento de los ángeles en el universo y aprender cómo conectarte con estas fuerzas invisibles de energía, adquirirás un increíble conocimiento y la habilidad de enfrentarte a los desafíos más grandes de la vida.

Reiniciando: Vencer la depresión con el poder de la Kabbalah

Aproximadamente unos 18 millones de personas en los Estados Unidos sufren de depresión, lo cual supone un 10% de la población total. Por eso es muy probable que en algún momento tú o alguien que conoces haya sufrido sus consecuencias. Antidepresivos, terapia, remedios de hierbas...son tratamientos que nos ayudan a tratar sus síntomas, pero a veces no son suficientes. ¡Si tan solo pudieras apretar el botón de "Reinicio" y reparar así tu software interno! Ahora, en *Reiniciando,* el autor y célebre erudito de la Kabbalah Yehudá Berg nos muestra cómo podemos hacerlo reconectando con el deseo y la Luz para emerger de esta debilitadora oscuridad.

The Living Kabbalah System En Español: Nivel 1

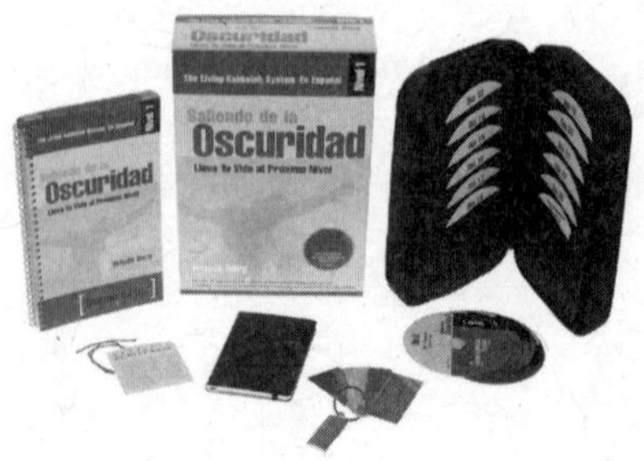

Lleva tu vida al próximo nivel con este sistema de 23 días que transformará tu vida y te llevará a alcanzar la satisfacción duradera.

Creado por Yehudá Berg, y basado en su creencia de que la Kabbalah debe vivirse, no solo estudiarse, este sistema revolucionario e interactivo incorpora las más avanzadas estrategias de aprendizaje y las utiliza en sus tres estilos:

- Auditivo (sesiones de audio, grabadas).
- Visual (cuaderno de ejercicios con conceptos y gráficos).
- Táctil (ejercicios escritos, autoevaluaciones y herramientas físicas).

Su estuche resistente lo vuelve un sistema fácil y práctico de usar en el auto, en el gimnasio o en el avión. Aprende de los líderes de la Kabbalah actuales en una atmósfera íntima e individual de aprendizaje. Obtendrás herramientas prácticas y aplicables, así como ejercicios para integrar la sabiduría de la Kabbalah a tu vida diaria. En sólo 23 días puedes aprender a vivir con mayor intensidad, tener más éxito en las relaciones y los negocios, así como alcanzar tus sueños. ¿Por qué esperar? Lleva tu vida al siguiente nivel empezando hoy mismo.

MÁS PRODUCTOS QUE PUEDEN AYUDARTE A INCORPORAR LA SABIDURÍA DE LA KABBALAH A TU VIDA

Inmortalidad
Por Rav Berg

Este libro cambiará la forma en que percibes el mundo, si abordas su contenido con una mente y un corazón abiertos. La mayoría de las personas entienden la vida al revés y temen y luchan contra lo que les parece inevitable: el envejecimiento y la muerte. Pero según el gran Kabbalista Rav Berg y la antigua sabiduría de la Kabbalah, lo que es inevitable es la vida eterna. Con un cambio radical en nuestra conciencia cósmica y la transformación de la conciencia colectiva que vendrá a continuación, podremos provocar la desaparición de la fuerza de la muerte de una vez por todas, en esta "vida".

Las ruedas del alma
Por Rav Berg

En *Las Ruedas del alma*, el Kabbalista Rav Berg nos explica por qué debemos aceptar y explorar las vidas que ya hemos vivido para poder comprender nuestra vida actual. No te equivoques: ya has estado aquí antes. Así como la ciencia está comenzando a reconocer que el tiempo y el espacio podrían no ser más que ilusiones, el Rav Berg nos muestra por qué la muerte en sí misma es la ilusión más grande de todas.

Dios usa lápiz labial
Por Karen Berg

Durante miles de años, se prohibió a las mujeres estudiar Kabbalah, la antigua fuente de sabiduría que explica quiénes somos y cuál es nuestro propósito en el universo. Karen Berg lo cambió todo. Ella abrió las puertas del Centro de Kabbalah a todo aquel que quisiera aprender.

En *Dios usa lápiz labial*, Karen Berg comparte la sabiduría de la Kabbalah, específicamente cómo te afecta a ti y a tus relaciones. También revela el lugar especial que ocupa la mujer en el universo y por qué las mujeres tienen una ventaja espiritual sobre los hombres. Karen nos cuenta cómo encontrar a nuestra alma gemela y nuestro propósito en la vida, y nos ayuda a convertirnos en mejores seres humanos.

El secreto: Revelando la fuente de la alegría y la plenitud
Por Michael Berg

El secreto revela la esencia de la vida en su forma más concisa y poderosa. Muchos años antes del reciente fenómeno de "El Secreto", Michael Berg compartió las asombrosas verdades de la sabiduría espiritual más antigua del mundo en este libro. Michael ha unido las piezas de un antiguo rompecabezas para mostrarnos que nuestro entendimiento del propósito de la vida está equivocado, y que al corregir este malentendido podemos cambiar todo lo que no sea alegría y plenitud totales.

EL *ZÓHAR*

Compuesto hace más de 2.000 años, el *Zóhar* es una colección de 23 libros basados en el comentario de asuntos bíblicos y espirituales en forma de diálogos entre maestros espirituales. Sin embargo, describir el *Zóhar* solamente en términos físicos es engañoso. En realidad, el *Zóhar* es nada menos que una herramienta poderosa para lograr el propósito más importante de nuestras vidas. El Creador lo entregó a la humanidad para brindarnos protección, para conectarnos con su Luz y para lograr nuestro derecho innato, que es la verdadera transformación espiritual.

Hace 80 años, cuando se fundó el Centro de Kabbalah, el *Zóhar* había desaparecido virtualmente del mundo. Pocas personas de la población general habían escuchado hablar sobre él. Todo aquel que quisiese leerlo (en cualquier país, idioma y a cualquier precio) se enfrentaba a una ardua e inútil búsqueda.

Hoy en día, todo esto ha cambiado. Gracias al trabajo del Centro de Kabbalah y al esfuerzo editorial de Michael Berg, el *Zóhar* se está transmitiendo al mundo no sólo en su idioma original, el arameo, sino también en inglés. El nuevo *Zóhar* en inglés proporciona todo lo necesario para conectarse con este texto sagrado en todos los niveles: el texto original en arameo para el 'escaneo', la traducción al inglés y los comentarios claros y concisos para su estudio y aprendizaje.

Están disponibles los primeros volúmenes en español.

EL CENTRO DE KABBALAH

Líder Internacional en la Enseñanza de la Kabbalah

Desde su fundación, el Centro de Kabbalah ha tenido una sola misión: mejorar y transformar las vidas de las personas, trayendo el poder y la sabiduría de la Kabbalah a todo el que desee participar de ella.

Gracias a toda una vida de esfuerzos del Rav Berg, su mujer Karen, y el gran linaje espiritual del que son parte, una asombrosa cifra de 3 millones y medio de personas en el mundo ya han sido tocadas por las poderosas enseñanzas de la Kabbalah. ¡Y el número aumenta año tras año!

• • • •

Si este libró te inspiró de alguna forma y te gustaría saber cómo puedes continuar enriqueciendo tu vida mediante la sabiduría de la Kabbalah, puedes hacer lo siguiente:

Llama al 1-800-KABBALAH, donde encontrarás instructores cualificados a tu disposición 18 horas al día. Estas personas estarán dispuestas a responder todas y cualquiera de las preguntas que tengas acerca del *Zóhar* y de la Kabbalah, y te guiarán en tu esfuerzo por aprender más.

Si te encuentras fuera de los Estados Unidos, puedes llamar a nuestros números de acceso gratuitos en español, en los cuales serás atendido por instructores hispano parlantes:

PAÍS	**NÚMERO**
Argentina	0800 333 0393
Bolivia	800 10 0345
Brasil	0800 761 2954
Chile	800 730 044
Colombia	01 800 700 1634
Costa Rica	0800 054 2022
Ecuador	01 800 1010 85
El Salvador	800 0000 0014
España	800 099 993
México	01 800 800 1685
Panamá	00800 054 1126
Perú	0800 521 99
Puerto Rico	1866 411 2024
Uruguay	0004054 347
Venezuela	0800 100 5629
Islas Vírgenes	1866 411 2024

ספר זה מוקדש לעילוי נישמת
Yacov ben Eliyahu Ghelman
יעקב בן אליהו גלמן ז"ל
שניפטר לחיי העולם הבא
בח"י אדר התשס"ד לב"ה
ת.נ.צ.ב.ה.
ממישפחתו האוהבים
Golda Ghelman
Alan, Anita, Nadine & Mark
Swartz